„Om nama Shivaya"

Viel Freude mit diesem Buch,

wünscht Ihnen

Ihr

[illegible]

# NEPAL ACHT

## Der Weg hat ein Ziel

Dieter Glogowski

# NEPAL ACHT

## *Der Weg hat ein Ziel*

**DIETER GLOGOWSKI**

*Mit Texten von Franz Binder*

FREDERKING & THALER

# Inhalt

**Vorwort** 9

Wie alles begann
Der Weg hat ein Ziel 16

Die acht buddhistischen Glückssymbole
Rad, Lotos, Siegesbanner 34

Dhaulagiri
Der Sadhu Shiva Das 38

Pashupatinath
Wohnsitz des Shiva 58

Annapurna
Jaddan, der Schamane 62

Die Religionen Nepals
Wo Shiva auf Buddha trifft 82

Manaslu
Der Amchi Kesang Lama 96

Die Stupas von Swayambhunath und Bodnath
Die Augen des Buddha 106

Lhotse, Everest, Cho Oyu
Im Land der Sherpas 110

Die Sherpas im Khumbu-Gebiet
Im Schatten des Everest 136

Makalu
Mein Freund Shiva Shrestha 140

Die drei Königsstädte im Kathmandu-Tal
Weltkulturerbe in Trümmern 160

Kanchenjunga
Der Sadhu Gopal Giri 164

Das Terai – das »andere Nepal«
Tiger, Nashörner und Pilger 184

Nachwort
Das Vermächtnis 188

Willigis Jäger
Unser wahres Wesen leben 200

In Nepal unterwegs
Meine Reiseempfehlungen 210

Trauma Erdbeben 220

Glossar 224

Jumla
NEPAL
Dhaulagiri
8167
Annapurna I
8091
Po
Lumbini
INDIEN

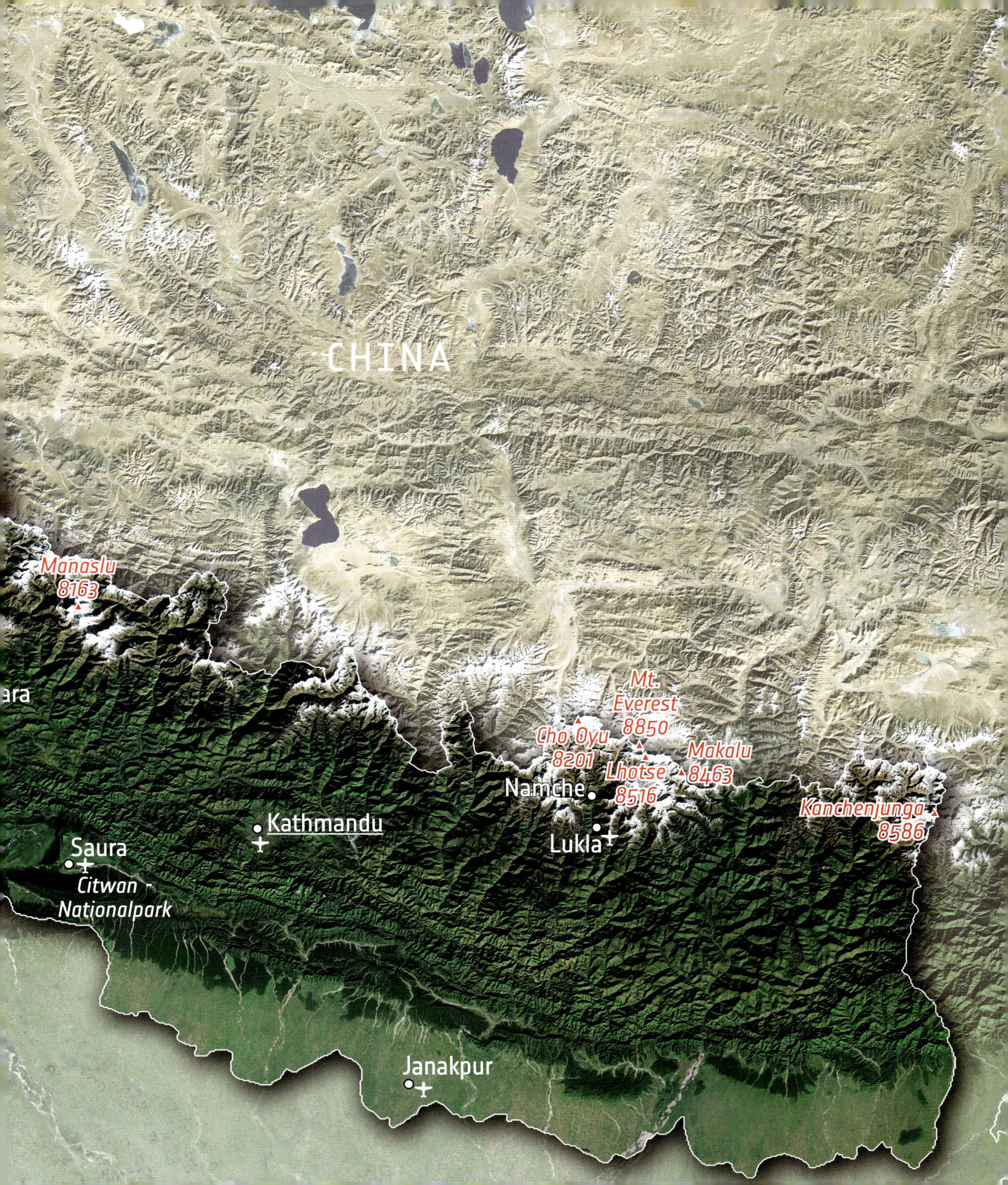

CHINA
Manaslu
8163
ara
Mt.
Everest
8850
Cho Oyu
8201
Lhotse
8516
Makalu
8463
Namche
Kanchenjunga
8586
Kathmandu
Lukla
Saura
Citwan
Nationalpark
Janakpur

Nankot Danda
Tilicho Peak
Nilgiri (South)
North Annapurna Base Camp
Nimek Danda
Khangsar Kang (Roc Noir)
ANNAPURNA HIMAL
Annapurna I
Singu Chuli (Fluted Peak)
Bharha Chuli (Fang)
Pairothapla
Kopchepani
Tharpu Chuli (Tent Peak)
High Camp
Tent Peak Base Camp
South Annapurna B. C.
Machhapuchchhre B. C.
Narchyang/Lek Gaon
Gharkholagaon
Hinko (Hinku Cave)
Himalaya
Deurali
Khayer Barah Temple
Dobhan
Bamboo
Kuldighar
Chhomrong
heiße Quelle!
Jhinudanda (Chinu)
New Bridge
Low Camp
Kimrong
Komrong
Himalpani
Kokar Forest Camp
GHANDRUK
Landruk
Danda Kharka
Dhunge Gade Danda
MOHARE DANDA
Sinuwa
Modi Khola
Kimche
Chane
Saiti Ghatta

# Vorwort

»ACHT – Der Weg hat ein Ziel« lautet der nicht ganz alltägliche Titel dieses Buches über Nepal. – Aber halt: Wurde uns nicht jahrzehntelang eingebläut, dass es »Der Weg ist das Ziel« heißen muss?

Nun, eigentlich ist klar, dass jeder, der ziellos auf seinem Weg herumirrt, nirgendwohin gelangen wird. Franz Kafka hat es ganz deutlich auf den Punkt gebracht: »Es gibt ein Ziel, aber keinen Weg; was wir Weg nennen, ist Zögern.« Dieser Satz könnte von einem erleuchteten buddhistischen Meister stammen, der davon ausgeht, dass jedes Lebewesen die Erleuchtung bereits in vollendeter Form in sich trägt. Sie ist bereits hier und jetzt da, sie liegt nicht irgendwo »dort draußen«, wohin man auf irgendeinem Weg erst gehen müsste.

Allerdings muss sich gerade in Nepal jeder, der an ein Ziel gelangen will, erst einmal auf den Weg machen, nicht selten auf einen langen und beschwerlichen. Auch Dieter Glogowski musste das tun, um die Bilder für dieses Buch zu fotografieren und seine »ACHT-Ziele« im Hoch-Himalaya zu erreichen – die acht Achttausender Nepals. Dabei ging es ihm aber nicht um eine abenteuerliche Rekordjagd, sondern um die Spiegelung dieser acht Ziele im eigenen Inneren.

Tausende von Menschen kennen Dieter Glogowski durch seine Vorträge, Fotopräsentationen, Bücher und Fernsehfilme, und nicht wenige davon sehen diesen profunden Kenner des Himalaya als Abenteurer, der im Winter auf zugefrorenen Flüssen durch Zanskar wanderte, der 13-mal den heiligen Berg Kailash umrundete oder der sich in Ladakh auf die Suche nach dem Schneeleoparden begab. Doch im Gespräch mit Dieter wird rasch deutlich, dass es nicht Abenteuerlust war, die ihn vor über drei Jahrzehnten erstmals in den Himalaya aufbrechen ließ, sondern die Suche nach Antworten auf ganz grundlegende Fragen des Menschseins, die ihn seit seiner Kindheit umtrieben. Fragen nach Schicksal, Unrecht, Gott. Da ihn die Weisheit des Ostens immer schon mehr berührte als das, was ihm der Westen zu bieten vermochte, wählte er den Himalaya als Ziel seiner inneren Forschungsreisen. Dieter sagt selbst: »Ich hatte das Glück, in meinem Leben großen Meistern begegnen zu dürfen, fand es aber ebenso bereichernd, in alltäglichen Begegnungen mit ladakhischen Bauern oder bhutanischen Kindern, mit tibetischen Nonnen oder hinduistischen Sadhus in kleinen Schritten einer Antwort auf meine Fragen näherzukommen. Oft fand ich das Göttliche gerade in diesen Momenten, in Augenblicken der gelebten Demut, des Mitgefühls und des Humors. Im Himalaya reihen wir uns ein in die Natur und die Naturgewalten. Wir eichen uns auf unser menschliches Maß, was im westlichen Alltag oft nicht möglich ist.«

Dabei stieß Dieter auch auf ein tibetisches Wort, das seine Motivation treffend umreißt: *Nangpa*. Dieses Wort bezeichnet jemanden, der nach innen schaut, der die Wahrheit nicht im Äußeren sucht, sondern in der Natur des Geistes.

Dennoch: Nach über dreißig Jahren intensiven Reisens und Arbeitens im Himalaya war es eine Begegnung im Westen, die Dieter ans Ziel seiner Suche brachte: »Im Sommer 2011 traf ich auf den 87-jährigen Benediktinermönch und Zen-Meister Willigis Jäger, der mir zum ersten Mal in meinem Leben alle Fragen beantwortete; es blieb keine Lücke, kein Schlupfloch mehr.«

Somit betrachtet Dieter auch seine Arbeit im Himalaya als abgeschlossen: Das vorliegende Buch und die damit verbundene Vortragsreise ist sein letztes Himalaya-Projekt, sein Abschied von dieser faszinierenden Weltgegend.

*Franz Binder*

Das Arbeitsbuch und die abendlichen Eintragungen in die typografischen Karten gehören zum notwendigen Handwerk jedes Fotojournalisten.

Folgende Doppelseiten: Immer für einen Schabernack bereit – Zwei alte Bäuerinnen aus der Königsstadt Baktapur treiben ihre Scherze. Der Sadhu Shiva Das erfrischt sich auf seiner Pilgerreise nach Muktinath an einem kleinen Bach im Kali Gandaki Tal. Sadhu in Pashupatinath.

## Wie alles begann

# Der Weg hat ein Ziel

»Der Himalaya
ist ein religiöses Gebirge,
ihn zu durchwandern bedeutet,
sich auch mit den Religionen
auseinander zu setzen!«

**Herbert Tichy**

Seine Augen strahlen vor Liebe, seine Bewegungen sind umhüllt von Achtsamkeit und Präsenz, sein Lächeln spiegelt unendliche Weisheit und Mitgefühl: Wiedersehen mit Ram Krishna Das. »Der innere Frieden ist in gewisser Weise schon da, das eigentliche Problem ist nur, ob man weiß, wie man in Kontakt mit ihm kommt. Bewusstes Atmen ist die einfachste hinduistische Übung, mit dem Frieden in Kontakt zu kommen. Es öffnet die Tür zum Innehalten und tiefen Schauen und schließlich zur Einsicht«, der 87-jährige Jogi lächelt mich bei diesen Worten an und gießt mir würdevoll Tee nach.

Ram Krishna Das ist eine lebende Legende. Nach der Brahmanenschule ging er als Jogi nach Indien, verbrachte dort 30 Jahre, besuchte alle heiligen Stätten, lebte 14 Jahre in einer Einsiedelei an einem einsamen Fluss. Viermal pilgerte er an den heiligen Berg Kailash im Westen von Tibet. Mit 48 Jahren kam er nach Pashupatinath und ernährte sich über 30 Jahre lang nur von einem Liter Milch am Tag. Im Jahr 1992 war er zum ersten Mal auf Einladung in Deutschland, gab als Yoga-Meister Belehrungen in Europa, Amerika und Australien. Vor 31 Jahren begegnete ich ihm bei meinem ersten Nepalaufenthalt in Pashupatinath. Er lud mich in seine kleine Klause ein, und ich war tief beeindruckt von der Aura, die diesen Mann umgab. Ram Krishna Das wurde im Lauf der Zeit einer meiner wichtigsten Schlüssel zum spirituellen Tor des Himalaya.

Drei Jahrzehnte sind mittlerweile vergangen, viele wertvolle Begegnungen und Erfahrungen liegen hinter mir. In den letzten Jahren spüre ich immer stärker, dass sich mein Lebenskreis als Himalaya-Fotograf langsam zu schließen beginnt und ich deshalb auf der Suche nach einer allumfassenden letzten Reportage bin. Was liegt da näher, als zu einem meiner ersten geografischen und spirituellen Ausgangspunkte zurückzukehren?

»Geh in den Süden in den Dschungel nach Janakpur, in die Stadt der Sadhus und der Ashrams. Reise langsam, denn die Langsamkeit wird dir Antwort geben«, rät mir Ram Krishna Das und lächelt mir zu.

Der altehrwürdige hinduistische Yoga-Meister Ram Krishna Das lebte über 30 Jahre lang in Pashupatinath und genießt weltweit großes Ansehen.

Das afrikanische Amulett mit gleichschenkligem Kreuz und mit dem mittig gebohrten Stein

Folgende Doppelseite: Auch im Janaki-Mandir-Tempel in Janakpur kommt keiner ums Holifest herum.

»Happy Holi, happy Holi!« Der staubige Vorplatz des winzigen Airports von Janakpur bebt unter dem Geschrei bunt bestäubter Rikschafahrer. Wasserbomben fliegen durch die Luft, junge Männer mit Plastiktüten voller gelbem Farbpulver machen Jagd auf eine hektisch schreiende chinesische Touristengruppe, während ihr indischer, um Autorität bemühter Reiseleiter gerade aus dem Hinterhalt einen Eimer mit grünem Wasser über den Kopf geschüttet bekommt. Es ist Ausnahmezustand in Nepal. Heute ist Holi, und jeder, der sich ins Freie begibt, weiß, was ihm blüht. Rücksicht gibt es keine, jeder ist vogelfrei an diesem Tag. Der Schabernack lauert überall und keiner wird verschont. Keiner??? *You need Rikscha, Sir?* Ich drehe mich um, und mein alter Sadhu-Freund Hanuman Baba steht lachend hinter mir. *Not bad, Dieter, you are well prepared!* Hanuman blickt an mir hinunter. In meiner rechten Hand halte ich eine riesige, mit blauer Farbe gefüllte Wasserspritzpistole – eine Pumpgun mit einem Fünflitertank, die ich mir aus Deutschland mitgenommen habe. Es ist nicht das erste Holifest, welches ich in Nepal erlebe. Voller Stolz nicke ich und bin für einen kurzen Augenblick unachtsam. Sekunden später spüre ich Hanumans rechte Hand in meinem Gesicht. *Happy Holi, my lovely old friend!*« Hustend vor rotem Farbpulver höre ich ihn herzlich lachen.

Wir fahren mit einer Rikscha in die Innenstadt und ich stürze mich in eine farbenfrohe und wasserdurchtränkte Holi-Fotoreportage. Fest an meiner Seite befindet sich Bodyguard Hanuman Baba, dem trotz seines hohen Alters kein Spaß zu viel ist.

Gelebte Langsamkeit: neben Hanuman Baba begleiten mich noch meine Freunde Matthias Helling und Shiva Shrestha.

Bunt, fantasievoll und farbenfroh gestalten und bemalen die Frauen im Terai ihre Häuser und Innenhöfe.

Zwei Tage später hat uns die Langsamkeit erreicht. Ein alter Traum von mir wird wahr: einmal mit einem Ochsenkarren in Nepal durch das Terai fahren, sich einfach treiben zu lassen, einmal nichts zu wissen. Es ist ein berührendes Gefühl, nicht zu wissen, wo die Reise hinführen wird, nichts zu planen, einfach loszufahren und sich dieser ungekannten Langsamkeit zu ergeben.

Wir durchstreifen Trockenebenen, traben behäbig durch dichten Dschungel, kommen dabei mit uns und der Umwelt in Kontakt, werden spontan zu Hochzeiten eingeladen, bewundern die zahlreichen bunt bemalten Innenhöfe und die mit Lehmornamentik verzierten Häuser der Menschen im Dschungel.

»Es gibt Wichtigeres im Leben,
als beständig dessen Geschwindigkeit zu erhöhen.«
*Mahatma Gandhi*

Wir schlagen unser Nachtlager auf. Ich lese Paulo Coelho: »Wenn man auf ein Ziel zugeht, ist es äußerst wichtig, auf den Weg zu achten. Denn der Weg lehrt uns am besten, ans Ziel zu gelangen. Er bereichert uns, während wir ihn zurücklegen. Aber die Routine hindert uns am Sehen, denn die Gewohnheiten sind es, die uns vor den täglichen Geheimnissen blind machen. Gehe 30 Minuten am Tag halb so schnell wie gewöhnlich, achte auf alle Details, auf die Landschaft und die Menschen. Versuch zu genießen, dass du dich in einer Geschwindigkeit bewegst, die du nicht gewohnt bist. Wenn du die Dinge anders als gewohnt machst, lässt du zu, dass ein neuer Mensch in dir wächst. Man wird ruhiger und betrachtet die Dinge um sich herum auf eine andere Weise.« Er endet: »Dort lag die Welt und umgab mich und ich begriff, dass ich nur selten auf sie geachtet hatte.«

Die Nacht ist sternenklar, Insekten umflattern im Schein der Stirnlampe mein Moskitonetz. Ich denke an Laotse: »Eine Reise von 1000 Meilen beginnt mit dem ersten Schritt.«

Immer wieder kommen wir an Ashrams vorbei. Es sind hinduistische Orte der Stille und Kontemplation, offene spirituelle Wohnstätten für Pilger, Ruhesitz für Männer und Frauen, die sich in ihrem vierten Lebensabschnitt in die Abgeschiedenheit begeben. Die Ashramas nennt man die vier Lebensabschnitte, in die sich das ideale Hindu-Leben teilt. Sie bestehen aus: der Lebenszeit des Schülers, des Hausvaters, des Einsiedlers und des heimatlosen Bettlers, des Sannyasin.

Oft denke ich mir, wir könnten uns von dieser Lebenshaltung, die so stark im Gegensatz zu unserer homo- und geozentristisch geprägten westlichen Welt steht, ein Scheibchen abschneiden. Sollte es nicht unser Ziel sein, als »Pilger Mensch« den Versuch zu starten, unser temporäres »Ich« zu relativieren?

»Unser Alltag ist unsere Religion!«
*Mahatma Gandhi*

Gerade der vierte Lebensabschnitt ist eine große Herausforderung, dann, so sagen es die Schriften, »wenn die Augenbrauen lang werden und die Haare ergrauen, sollte man alle Geschäftigkeiten abgeben und mit seinem Lebenspartner sich auf Pilgerreise begeben.« Sicherlich eine durchaus lohnende Alternative zu den in Deutschland üblichen sechs Stunden täglich vor dem heimischen Fernsehapparat. Statt nach Glück sollten wir uns auf Heilssuche begeben und unsere Zeit nutzen, Antworten auf die Fragen des Lebens zu bekommen. Aber dieser Weg führt durch die Konfrontation und ist ein steiler Weg durch enge Pforten.

In Janakpur findet der Pilger über 100 Ashrams vor. Es sind besinnliche Ruhestätten und Orte der Kontemplation.

Sonnenbetrachter: Mancher Sannyasin versucht im Leiden *moksha* zu erreichen, die Erlösung von der Wiedergeburt.

BHAKTAPUR

Sonnenuntergang in Bodnath, dem großen Stupa im Tal von Kathmandu. Vor zwei Monaten habe ich auf einem Bazar ein afrikanisches Amulett gekauft. Es besteht aus einem gleichschenkligen Kreuz und einem runden, mittig gebohrten Stein. Beides sind Symbole für die Gegenwart, dort, wo Leben nur stattfinden kann. Das Amulett schmiegt sich geradezu in meine Hand und ich muss an die Worte des deutschen Zen-Meisters Willigis Jäger denken: »Im gegenwärtigen Moment leben – das ist die alles entscheidende Übung: im Schnittpunkt zweier Linien leben, die aus dem Unendlichen kommen und ins Unendliche weiterlaufen. Mensch und Gott, Zeit und Ewigkeit kreuzen sich in uns. Hier und jetzt sind sie mein Leben. Hier und jetzt sind sie in mir eins.«

Fünf Minuten später entdecke ich in einem tibetischen Geschäft acht spezielle Kupferplatten, jede mit unterschiedlichem Motiv. Ich trete näher und erkenne die acht tibetischen Glückssymbole. Acht! Die Acht galt im Altertum aufgrund ihrer arithmetischen Eigenschaften als eine vollkommene Zahl. Sie steht für den Neubeginn. Im Buddhismus führt der achtfache Pfad aus dem Samsara, liegend symbolisiert die Zahl die Unendlichkeit – und: Es gibt acht Achttausender in Nepal. Die Geschichte liegt auf der Hand. Mit den acht Kupferplatten im Rucksack mache ich mich auf den Weg ins Kloster Shedrub Ling Monastery zu Chökyi Nyima Rinpoche.

»Was ich nicht gelernt habe, habe ich mir erwandert«, Alexander von Humboldts Worte begleiteten mich stets im Himalaya. Was ich in den nächsten Jahren im Rahmen dieser Reportage allerdings erleben sollte, übertraf alle meine Erwartungen.

Der große Stupa von Bodnath liegt im Tal von Kathmandu, umgeben von über 40 tibetischen Exil-Klöstern.

Bildliche Verehrung des weisen Gurus Ram Krishna Das, dem Milk-Baba, an den Wänden von Pashupatinath.

श मानसरोवर

»Und das ist Meditation:
nicht im Lotossitz sitzen oder auf dem Kopf stehen,
sondern das Wahrnehmen der Ganzheit und Einheit des Lebens.
Das ist nur möglich, wenn Liebe und Mitgefühl da sind.«

**Jiddu Krishnamurti**

»Mit-Leiden bedeutet, Leidenschaft für alle Dinge zu haben,
nicht nur die Leidenschaft zwischen zwei Menschen,
sondern für die ganze Menschheit, für alle Wesen auf der Erde,
Tiere, Bäume, alles, was die Erde trägt.«

**Jiddu Krishnamurti**

Indischer Pilger vor dem Bodhi-Baum in Lumbini, der Geburtstätte von Buddha Gautama, im Terai von Nepa

Buddhas Geburtsort ist ein internationaler Treffpunkt aller gläubigen Buddhisten, wie auch dieser Gruppe von koreanischen Nonnen (am heiligen Wasserbecken von Lumbini).

»Achte auf deine Gedanken, denn sie werden Worte.
Achte auf deine Worte, denn sie werden Handlungen.
Achte auf deine Handlungen, denn sie werden Gewohnheiten.
Achte auf deine Gewohnheiten, denn sie werden dein Charakter.
Achte auf deinen Charakter, denn er wird dein Schicksal.«

**Talmud**

Herausgeputzte »Show-«Sadhus in Pashupatinath auf der Suche nach Foto-Touristen. Aber wer genau hinsieht und sich Zeit lässt kann auch wirklich wahre Sadhus finden.

»Wenn das Wasser in einem Becken ohne Bewegung bleibt, wird es schal und schlammig, wenn es sich aber bewegt und fließt, so wird es klar; nicht anders verhält es sich mit dem, der reist.«

**Muhammed Asad**

Im Kloster Shedrub Ling: Der tibetische Nyingmapa Lama, Chökyi Nyima Rinpoche, segnet die acht Glückssymbolplatten und wünscht Dieter Glogowski eine gefahrlose Reise.

Die acht Kupferplatten vor ihrer abenteuerlichen Reise an die acht Achttausender Nepals

Geh, verlass die Heimat

Geh, verlass die Heimat,
die Welt, darin du geboren bist,
darin du dich eingerichtet hast -
das Haus voll von den Namen der Dinge, die um dich sind, lass alles, was dir
die Sprache über sie zu wissen gibt, lass auch alles, was dir die Wissenschaft
über sie vorspricht, lass auch die Begriffe, mit denen du nach den Dingen greifst -
lass dieses Haus hinter dir, geh!

Dann wirst du, vielleicht wirst du dann dem Anderen begegnen,
für das du weder Namen noch Wissen noch Begriffe hast, dem ur- und ingründig
Wirklichen und Wirkenden begegnen.

Du wirst schauen ...
Dann ist kein Ding mehr,
was es dir zuvor gewesen,
ein jedes, eins um das andere,
wird dir einen Namen sagen, den du nicht nachsprechen kannst.

Und dann wird dir,
vielleicht wird dir dann aus allem und jedem, das um dich ist, das Unnennbare
erscheinen, und du wirst jene Stimme hören, die du noch nie gehört, sehr nah
und gewaltig wirst du sie rufen hören:
ICH BIN DA!

**Fridolin Stier**

# Die acht buddhistischen Glückssymbole

# Rad, Lotos, Siegesbanner

In westlichen Ländern wird das Wort »Glück« sehr oft in Bezug zu buddhistischen Themen verwendet, nicht zuletzt, weil selbst der Dalai Lama und andere buddhistische Meister mit Vorliebe mit dem offenbar verkaufsfördernden Wort »Glück« im Titel ihrer Bücher vermarktet werden. Es ist hier nicht der geeignete Ort, die vielfältigen Bedeutungsebenen des Wortes »Glück« zu erkunden. Sicherlich hat jedoch unser gewöhnliches alltägliches »Glücklichsein« wenig zu tun mit dem »Glück«, das von der kompletten inneren Befreiung herrührt, die etwa ein Buddha in seinem Erwachen erfahren hat.

Und so war es wohl unvermeidlich, dass auch die acht Symbole, die vor allem im tibetischen Buddhismus bei vielen Zeremonien und Opfergaben auf Thangkhas und Tempelwänden zu sehen sind, »buddhistische Glückssymbole« oder »Glückszeichen« genannt wurden und von esoterischenVersandhäusern gerne als Amulette und Ähnliches verkauft werden. Doch der Buddhismus ist alles andere als eine »Wellness-Religion«, und seine Symbole und Zeichen haben mit dem handelsüblichen Eso-Klimbim nichts zu tun. Sie sind vielmehr ikonografisch genau definierte Entsprechungen bestimmter Aspekte der buddhistischen Lehre. Als solche hat dann auch Choekyi Nyima Rinpoche die acht Bronzeplatten gesegnet, welche in diesem Buch eine verbindende Rolle zwischen den acht Achttausendern Nepals spielen.

Aber natürlich werden im Volksbuddhismus der Himalayaländer diese Zeichen von den einfachen Nomaden und Bauern, die zu Tempeln und Klöstern pilgern, auch als Symbole für irdisches Glück, für Reichtum, Gesundheit und Fruchtbarkeit gesehen und verehrt. So findet man beispielsweise die acht Symbole oft in *kataks* eingewebt. Diese langen dünnen, weißen oder gelben Schals werden im tibetischen Kulturkreis als Ehrenbezeugung an hochrangige buddhistische Lehrer überreicht, aber auch an Gastgeber und Freunde, denen man Glück wünscht.

Wie in vielen anderen Religionen gilt die Zahl Acht auch im Buddhismus als heilige Zahl.

**1. Das Rad der Lehre:** Das *dharmachakra*, das Rad der Lehre, ist grundlegendes Symbol aller buddhistischen Schulen. Gemäß der Legende stieg bald nach Buddhas Erleuchtung der vedische Gott Brahma vom Himmel herab und überreichte Buddha ein *dharmachakra*, als Aufforderung an den Erhabenen, seine Erkenntnisse der Welt zu lehren. Dieses Rad des Gesetzes oder, gemäß seiner tibetischen Bezeichnung, das Rad der Transformation, besteht aus drei Teilen: der Nabe, welche die Weltenachse repräsentiert und zugleich die den Geist stabilisierende ethische Disziplin; acht Speichen, die für den kostbaren Achtfachen Pfad und die korrekte Anwendung der Weisheit des Buddha stehen, und dem Rand, der das begrenzende Element, aber auch die Konzentration symbolisiert, die für die Meditation unerlässlich ist.

Das Rad der Lehre gleicht in seiner Darstellung auch dem Rad eines alten indischen Streitwagens. Doch im Sinne der buddhistischen Lehre sind die Gegner, die mit diesem Streitwagen bezwungen werden, nicht feindliche Krieger, sondern die eigenen verblendeten Handlungen und Geistesgifte. In fast allen tibetischen Klöstern findet man ein großes goldenes Rad auf dem Dach über dem Haupteingang, flankiert von zwei Gazellen. Diese Darstellung weist darauf hin, dass Buddha durch seine Predigt im Gazellenhain von Sarnath das Rad der Lehre zum ersten Mal drehte.

**2. Die Schatzvase:** Das Wasser der Unsterblichkeit fließt aus dieser Schatzvase, ein nie versiegender Strom, der langes Leben, Reichtum und Überfluss spendet. Doch das kostbare Lebenselixier, das in unendlicher Fülle in diesem Gefäß verborgen liegt, ist nicht beschränkt auf das irdische Leben und vergängliche weltliche Schätze, sondern besteht vor allem aus den geistigen Reichtümern, die der Lehre des Buddha entspringen, Kleinode wie Weisheit und Mitgefühl. Dies sind die eigentlichen Kostbarkeiten, denn sie führen

Von links: Aus Tsampamehl gestäubte Glückszeichen auf einem Holzbalken | Holzschnitzerei mit dem Unendlichkeitsknoten | Die Zwei Fische als Butterskulptur | Mönch mit Muschelhorn ruft zum Gebet.

zur Befreiung, zum Ende allen Leidens, zur »Erleuchtung«, zur wirklichen »Unsterblichkeit«. Somit enthält diese Vase alle Schätze des *dharma*, der Lehre des Buddha. Und gleich der unermesslichen Weisheit des Buddha kann auch diese Vase niemals leer werden.

**3. Die weiße Muschel:** Der trompetenartige Ton des Muschelhorns ruft die Mönche in den Klöstern des Himalaya jeden Morgen zum Gebet. Weit hinaus tönt ihr durchdringender Klang in die kalte, klare Luft der Hochebenen und Schneegebirge, so wie auch die Stimme der Lehre Buddhas furchtlos nach allen Himmelsrichtungen erschallt, um die Menschen aus dem Schlummer des Unwissens zu wecken, um sie in das Bewusstsein ihrer höheren Bestimmung und zur Befreiung aus dem Kreislauf des Leidens zu erheben. Die rechtsdrehende Spiralform der Schneckenmuschel deutet zudem die Bewegung von Erde, Mond und Sternen an und erscheint als kosmisches Symbol an verschiedenen Körperstellen von göttlichen Wesen und Erleuchteten. Eigentlich scheint eine Muschel mit ihrer Herkunft vom Meer ein ungewöhnliches Symbol in Tibet oder einem der anderen buddhistischen Himalayaländer zu sein, doch verweist sie auch darauf, dass der Himalaya in fernster Erdgeschichte ein Urmeer war. Versteinerte Meerestiere werden dort noch immer gefunden.

**4. Das Siegesbanner:** Das runde Siegesbanner ist ein unverzichtbarer Schmuck in den Tempeln und auf den Dächern tibetischer Klöster. Flog es einst siegreichen Helden in der Schlacht voran, so symbolisiert es im Buddhismus den Sieg der Erkenntnis über die Unwissenheit, den Triumph über die Hindernisse auf dem spirituellen Weg, die Überwindung von Tod und Leiden. Buddha selbst soll ein solches Banner auf dem Weltenberg Meru aufgepflanzt haben, als Symbol seines Erwachens und als Zeichen seines geistigen Sieges über die Welt, eines Sieges, der nicht mit weltlichen Waffen errungen werden kann, sondern mit Gelassenheit und Weisheit auf dem Edlen Achtfachen Pfad.

**5. Die zwei Fische:** Frei, unbehindert und furchtlos wie ein Fisch im Wasser schwimmt jener im Ozean der Leiden, der den Zustand der Erleuchtung, der Befreiung erlangt hat. Er kann nicht ertrinken in den Strömungen von Hindernissen und Verführungen im Kreislauf von Tod und Wiedergeburt. Waren die zwei Fische ursprünglich Symbole für die heiligen Flüsse Indiens, Ganges und Yamuna, so stehen sie für Hindus, Buddhisten und Jains auch für die Glückseligkeit geistiger Befreiung, aber ebenso für Fruchtbarkeit und Fülle, in China zudem für Liebe und Glück in der Ehe. Die zwei Fische entsprechen darüber hinaus den

Sonnen- und Mondkanälen, in denen, wie es im Yoga und den tantrischen Geheimlehren heißt, die Lebensenergie Prana durch den Körper zirkuliert. Damit symbolisieren die zwei Fische zugleich die Vereinigung von männlichem und weiblichem Prinzip, die Überwindung der Dualität in der Einheit.

**6. Der Unendlichkeitsknoten:** Dieses vielen antiken Kulturen vertraute Zeichen ist ohne Anfang und ohne Ende unauflöslich in sich selbst verschlungen. Die unendliche Weisheit des Buddha findet in ihm symbolischen Ausdruck, die Vereinigung von Mitgefühl und Weisheit, von Leerheit und abhängigem Entstehen, doch auch das Wesen der Wirklichkeit, in der alles miteinander verbunden und aufeinander bezogen ist als Netz von Ursache und Wirkung, von Tod und Wiedergeburt, von beiden Polen der Dualität. Der Knoten der Unendlichkeit wird aber auch als Glücks- oder Liebesknoten empfunden, als Bindung des Menschen an sein karmisches Schicksal und als Zeichen kosmischer Harmonie und Dauer.

**7. Die Lotosblüte:** Die Lotosblume wurzelt im Schlamm und wächst durch das Wasser empor, bevor sich ihre makellos reine Blüte dem Sonnenlicht öffnet und sich über den Wasserspiegel erhebt. Damit verkörpert sie den spirituellen Weg des Menschen aus der Verblendung des dunklen Materialismus durch den trüben Ozean samsarischer Erfahrung in den reinen Glanz der Erleuchtung und symbolisiert die vollkommene Läuterung von Körper, Rede und Geist. Gilt eine noch geschlossene Lotosblüte als Zeichen für das Potenzial zur Befreiung, das jedem Wesen innewohnt, so drückt die geöffnete Blüte die volle Verwirklichung dieser Erleuchtung aus. Im tantrischen Buddhismus steht die Lotosblüte vor allem auch für die energetischen Zentren (Chakren) im feinstofflichen Körper des Menschen.

**8. Der Schirm:** Der Schirm wirft seinen schützenden Schatten über den, der ihn besitzt, bewahrt seinen Träger vor Krankheit, Leid, Unheil und anderen Hindernissen wie etwa der Hitze der Leidenschaft. Symbolisiert die Stange, auf welcher der Schirm ruht, die Achse der Welt, so stehen das Dach des Schirms für Weisheit und die seitlich herabhängenden Tücher für Mitgefühl. Einst ein königliches Symbol, das nur wenigen Menschen von Adel und Ansehen vorbehalten war und Ehre und Respekt verdeutlichte, wölbt sich der Schirm der Lehre als Schutz vor allem Übel über dem, der in seiner Meditation die Befreiung anstrebt und dem Edlen Achtfachen Pfad der buddhistischen Lehre zielstrebig folgt.

# Der Sadhu Shiva Das

»Sammle Deinen Geist dort,
wo Du bist,
mit einem für den Augenblick
geschärften Bewusstsein.
Es gibt keinen anderen Ort als hier.«

**Drukpa Rinpoche**

Die Luft ist durchzogen von einem süßen Geruch, die Feuer der Leichenverbrennungsstätten spiegeln sich im heiligen Fluss Bagmati, planlos suchen heilige Kühe ihren Weg, bunt bemalte Foto-Sadhus röcheln ihr *Om nama Shivaya* in nimmermüde Kameras, unterbrochen vom Wellblechdonner rasender Affenbanden. Sonnenuntergang in Pashupatinath!

Pashupatinath, Nepals größtes hinduistisches Heiligtum, ist einzigartig und verrückt zugleich. Einst lebte hier Gott Shiva mit seiner Frau Parvati in Gestalt von Gazellen. Unterhalb des Hains, am Fluss Bagmati, befindet sich die heiligste Leichenverbrennungsstätte Nepals. Wer hier eingeäschert wird, so wird behauptet, geht direkt ins Nirwana ein. *Money, money, money*, lautstark fordert eine Gruppe fantasievoll bemalter Sadhus ihren Tribut. Die japanische Reisegruppe unterbricht erschrocken ihren di-gitalen Rausch. *Money, money … one picture 100 Rupies!* Mit überzeugend zornigem Blick kassieren die Sadhus ihr Foto-Honorar. Verwirrt machen die Japaner den Weg für die nächste Gruppe frei. Die meisten der hier gut platzierten und genährten »heiligen Yogis« sind wahre Meister der Illusion und alles andere als entsagende Sadhus.

Ich betrete den Tempelhof Ram Mandir, die Herberge der Sadhus von Pashupatinath, und da ist sie wieder die wohlvertraute Geborgenheit, die diesem Ort innewohnt. Feuerstellen mit kochendem Tee, Ziegelmauern mit Götterpostern, Räucherstäbchen vor Mini-Altären, Mantras rezitierende Yogis, kichernde Brahmanenschüler in weißem Wickelrock, ältere nepalesische Männer den Belehrungen eines Gurus lauschend. Dazwischen, den Gästen warmen Tee reichend, mein Freund und Sadhu Shiva Das, der mich freudig umarmt. Verwundert schaut er auf den Schlafsack unter meinem Arm. Ich bleibe über Nacht, es gibt viel zu berichten.

In der Mystik der Religionen: Der Brahmane und Sadhu Shiva Das erkennt im Amulett die Symbole des Augenblicks.

Das tibetische Glückssymbol des rechtsgedrehten Muschelhorns ist das Zeichen für Bewusstsein.

Folgende Doppelseite: Gemeinsam auf Pilgerreise. Shiva Das bei seiner rituellen Bemalung am Phewa-See in Pokhara

Die Tore des Ram Mandirs sind geschlossen. Schatten tanzen im Schein der Lagerfeuer. Shiva Das betet neben mir: »Gewaltlosigkeit ist das höchste religiöse Prinzip und die höchste Askese. Gewaltlosigkeit ist die höchste Wahrheit und das religiöse Gesetz.«

Mit Shiva Das verbinden mich viele gemeinsame Pilgerreisen. Wir durchstreiften das Terai, besuchten die Ashrams von Janakpur und den Phewa-See in Pokhara, wanderten durch das tiefste Tal der Welt nach Muktinath. Shiva Das wurde vor 60 Jahren in Indien als Brahmane geboren. Bis zur 10. Klasse verbrachte er sein Leben auf einer Brahmanenschule, was damals sehr selten war. Er lernte die Veden, Sanskrit, alle wichtigen Bücher zur Totenbegleitung und aus der Hand zu lesen. Als damals ein Sadhu sein Dorf besuchte, war er von dessen Leben sehr angetan, verließ sein Zuhause und suchte sich einen Guru. Eines Tages kam er zum Shiva-Ratri-Fest nach Pashupatinath, war überwältigt von der Energie des Ortes und blieb bis heute hier.

Ich erzähle Shiva von meiner neuen Reportage-Idee und zeige ihm die Kupferplatten. Darunter auch das Glückssymbol des rechtsgedrehten Muschelhorns. Es gilt unter den tibetischen Buddhisten, wie auch unter den Hindus, als Klangmittel, um die Menschen aus ihrer Unwissenheit herauszureißen. Als Shiva sich mein Amulett im Schein des Feuers interessiert betrachtet, frage ich ihn, ob er mich zum Achttausender Dhaulagiri begleiten und dort die Platte auf 5200 Metern am Basislager hinterlegen will. »Rechtsgedreht, so wie unser Weg um den Dhaulagiri«, flüstere ich ihm zu, aber auch »*Ekdam khatrako bato* – ein sehr gefährlicher Weg!« Shiva betrachtet mein Amulett im Licht des Feuers: »*Ma tmilai sahayog garchu!* – Ja, ich helfe dir.«

Laut tönt das Muschelhorn: Morgenritual im Ram Mandir. Verschlafen strecke ich meinen Kopf aus dem Schlafsack. Die Sadhus sind mit ihrer rituellen Bemalung beschäftigt. Die Shiva-Anhänger malen sich drei waagrechte Striche auf die Stirn, die Vishnu-Verehrer drei senkrechte

Streifen in Weiß-Rot-Weiß für die Gottheiten Ram, Sita und Laxman. Einige der Sadhus reiben sich den Körper mit Asche ein, ein Yogi prüft den Sitz seines eisernen Keuschheitsgürtels. Mitten im religiösen Gewimmel formen sich meine Gedanken um die »Acht«. »Ja, so werde ich es angehen«, denke ich mir, »pro Platte ein religiöser Protagonist aus Nepal. So kann ich das Land, seine religiöse Vielfalt und unser eigenes inneres Suchen erklären.« Wie Rumi sagt: »In Wahrheit gibt es nur ein einziges Licht, das durch unterschiedliche Fenster scheint und uns durch die Person jedes einzelnen Propheten erreicht.«

Drei Tage später packen wir unsere wasserdichten Seesäcke. Wir, das sind meine Freunde Matthias Helling und Jarrek Swiatek, mein Guide Shiva Shrestha sowie sieben Träger. Matthias ist Arzt und hilft mir als Kameramann, Jarrek ist mein Schutzengel, denn ich starte zum Dhaulagiri mit zwei gerissenen Sehnen in der rechten Schulter, eine Diagnose, die ich erst zwei Tage vor der Abreise gestellt bekam. Der Weg zum Basislager des Dhaulagiri, dem »Weißen Berg«, ist eine anspruchsvolle Tour durch unterschiedlichste Vegetationsstufen. Sie führt durch subtropische Mittelgebirgslandschaften bis hinauf ins alpine Eis. Er ist Nepals westlichster Achttausender.Ähnlich wie bei Annapurna und Manaslu lässt er sich total umrunden.

Es ist Mitte September und noch immer tobt der Monsun. Von Beni aus fahren wir mit einem Jeep bis nach Darbang, wo unsere Fahrt abrupt zum Ende kommt. Die reißenden Fluten eines Nebenflusses haben die Straße weggerissen. Der Weg ist versperrt.

Morgenritual im Ram Mandir, dem Tempelhof und der Übernachtungsstätte der Sadhus von Pashupatinath

Subtropisches Klima, endlose Reisfelder, Hitze und Feuchtigkeit bescheren uns die ersten Tage auf dem Weg zum Dhaulagiri.

Wir entdecken eine provisorische »Holzbrücke«, bestehend aus zwei langen Holzstämmen und ein paar Holzlatten. Die Dunkelheit hat nun schon eingesetzt und unter uns toben sprudelnd die Wassermassen. Die Gischt spritzt an unsere Füße, als wir mit viel Geschick und klopfenden Herzen den Fluss überqueren.

Es regnet wie aus Eimern, gleichzeitig ist es heiß und schwül. Langsam steigen wir durch endlose Reis-, Mais- und Hirsefelder. Immer wieder betreten wir morastigen Dschungel, überqueren einsam schwingende Hängebrücken, durchlaufen dichte Bambuswälder, winden uns steile Serpentinen hinauf, stehen vor waghalsigen Kletterpartien über abgerutschte Berghänge. Im Magar-Dorf Jeltung, auf 1880 Metern Höhe, verlassen wir für die nächsten zehn Tage die letzte permanent bewohnte Siedlung. Die Menschen sind bass erstaunt, einen Yogi unter uns zu sehen. Uns wird klar, dass Shiva Das der erste Sadhu ist, der den Dhaulagiri umrunden wird. Für ihn ist Gehen Meditation, sein Leben lang war für ihn das Gehen auf seinen Pilgerreisen eine Form von Achtsamkeitsübung. Der vietnamesische Mönch Thich Nhat Hanh sagt: »Im Gehen meditieren heißt eigentlich, das Gehen zu genießen, kein Gehen, um anzukommen, sondern nur um zu gehen.«

Drei Tage später erreichen wir die Almhütte am italienischen Base Camp auf 3660 Meter. Unter dem Vordach eines leeren Stalls richten wir unsere Schlafstätte ein. Es gibt *dalbat*, Nepals Nationalessen aus Reis und Linsen. Die Nacht ist zwar eisig kalt, aber dafür ist Shiva Das in bester Verfassung. Gut gelaunt liest er den Almbewohnern aus der Hand, und so manche Wahrsagung trifft auf erstaunte Gesichter.

Alltag im Monsun. Kunstvoll geknüpft sind die transportablen Regendächer für die Feldarbeit.

Nach der letzten Besiedlung treffen wir im Dschungel zum Glück immer wieder auf begehbare Hängebrücken.

An einem Hügel finden wir Grabsteine von Bergsteigern. Tief bewegt kniet Shiva Das nieder und betet. Ich denke an Franz von Assisi: »Wo wahre Liebe und Weisheit ist, da ist nicht Furcht noch Unwissenheit.«

Am nächsten Tag queren wir die steil abgeschmolzene West-Moräne des Dhaulagiri. Ein Fehltritt wäre fatal. Acht Stunden später schlagen wir unsere Zelte im einsamen und menschenfeindlichen »japanischen Basecamp« auf. Tags darauf erreichen wir unser Ziel: das in Eis und Schnee gebettete Dhaulagiri-Basislager auf 4780 Metern.

Die Nacht ist sternenklar und das Thermometer sinkt auf minus 21 Grad. Mit den ersten Sonnenstrahlen kriechen wir aus den steif gefrorenen Zelten. Die glasklare, sonnige Stimmung dieses Morgens bietet den perfekten Rahmen für die vorgesehene Zeremonie. Shiva Das findet einen würdigen Ort und legt die Platte nieder. Er lässt ruhig die Gebetskette durch seine Finger gleiten und spricht dann: »Für alle Wesen will ich unbegrenzte Liebe, Mitgefühl, Mitfreude und Gleichmut entfalten, im Wissen um das Streben aller Lebewesen nach Glück.«

Bewegt fallen wir uns in die Arme. Die erste Platte hat ihr Ziel erreicht. Aber kurz darauf kehrt Ernüchterung ein, denn auf uns warten nun für die nächsten zwei Tage drei große Herausforderungen: die Überschreitung des 5360 Meter hohen French-Col-Passes, die Durchquerung des über 5100 Meter gelegenen und klimatisch unberechenbaren Hidden Valley, der erlösende Dhampus-Pass mit nochmals 5260 Metern Höhe und schlussendlich der 2500-Meter-Abstieg nach Marpha, in die tiefste Schlucht der Welt.

Sinnfrage für Shiva Das. Grabstätten hinter dem italienischen Basislager auf 3750 Metern Höhe

Alle Strapazen überwunden. Ich bewundere den Mut, die Entschlossenheit und Demut von Shiva Das.

Da es am Dhaulagiri und an der Annapurna keine vorgelagerten Gebirgsketten gibt, treffen die Regenwolken ungehindert auf die hohen Berge. Die Niederschläge liegen hier fünffach höher als am Mount Everest. Saftige Berghänge wechseln sich ab mit ausgespülten Abrisskanten gewaltiger Erdrutsche. Zugleich wechselt beim Anstieg zum Dhaulagiri-Basislager höhenbedingt die Jahreszeit von Sommer zu Winter.

Nach der Umrundung des Dhaulagiri und der Überquerung des Dhampus-Passes öffnet sich der Blick über das tiefste Tal der Welt, des Kali Gandaki. 2600 Meter steiler Abstieg warten hier noch auf den Bergwanderer, bis er das Takali-Dorf Marpha – bekannt für köstliche Apfelkuchen – erreicht. Bis hinüber zur großen Kette des Annapurna-Himalaya sind es noch 32 Kilometer Luftlinie, die die beiden Gipfel der Achttausender voneinander trennt.

»Zahllos sind die Lebewesen; Ich gelobe, sie vom Leid zu befreien.
Grenzenlos sind die Verhaftungen; Ich gelobe, sie zu beenden.
Unzählbar sind die Tore der Wahrheit; Ich gelobe, sie zu durchschreiten.
Unübertroffen ist der Weg des Erwachens; Ich gelobe, ihn zu gehen.«

**Die großen vier Gelübde aus dem Zen**

Gott Shiva sitzt auf einem Tigerfell, damit seine spirituelle Kraft nicht in den Boden entweichen kann. Aus seinem Kopf entspringt der Ganges, seine Haare lässt er sich unendlich lang wachsen und reibt sich den Körper mit der Asche der Erkenntnis ein.

Marpha Rinpoche, der Abt des Klosters Marpha, und Shiva Das beim gemeinsamen Friedensgebet

»Wenn du die Berührung mit der inneren Stille verlierst,
verlierst du den Kontakt mit dir selbst.
Wenn du den Kontakt mit dir selbst verlierst, verlierst du dich in der Welt.
Das innerste Selbstgefühl, das Gefühl dessen, der du bist,
ist untrennbar mit Stille verbunden.
Das ist das ›Ich bin‹, das tiefer ist als Namen und Formen.«

**Eckhart Tolle**

»Ein Mensch, der im wahrsten Sinne des Wortes
lebendig ist, ist vollkommen furchtlos, er ist sich selbst ein Licht.
Daher hat er nicht das Bedürfnis zu suchen.«

**Jiddu Krishnamurti**

Jeden Morgen bemalte der Sadhu Shiva Das behutsam sein Gesicht zu Ehren seines Gottes Shiva.

Shiva Das war fasziniert von den gewaltigen Naturschauspielen auf dem Weg zu Dhaulagiri.

»Auf der materiellen Ebene braucht man natürlich Zeit, um von hier nach dort zu gelangen, aber auf der psychischen Ebene existiert keine Zeit. Das ist eine ungeheuerliche Wahrheit, eine ungeheuer wichtige Tatsache, und wenn man sie entdeckt hat, hat man sich von allen Traditionen freigemacht.«

**Jiddu Krischnamurti**

Shiva Das legt die erste Platte am Basislager des Dhaulagiri ab. Das Symbol des Muschelhorns steht für die Zerstörung der Unwissenheit, die Eins für das Göttliche.

Folgende Doppelseite: sternenklare Nacht am Basislager des Dhaulagiri auf 4780 Metern

# Pashupatinath

# Wohnsitz des Shiva

**Das wichtigste hinduistische Heiligtum Nepals** liegt am Ufer des Bagmati-Flusses östlich der alten Königsstadt Patan, ist aber mittlerweile mit dem Stadtgebiet von Kathmandu verschmolzen. Der idyllische Ort, wo die Bagmati sich aus einer Schlucht in ein enges Tal zwischen teils bewaldeten Hügeln ergießt, entzückte in legendären Vorzeiten auch den Gott Shiva und seine Gefährtin Parvati. Beide nahmen die Gestalt von Gazellen an und vergnügten sich in den Hainen auf den Hügeln. Die anderen Götter aber vermissten Shiva und begannen nach ihm zu suchen. Sie fanden ihn schließlich in seiner Gestalt als einhörnige Gazelle. Der Gott Vishnu fasste das göttliche Tier, das gerade im Schatten ruhte, beim Horn. Als Shiva aufsprang, brach das Horn in vier Teile. Diese fielen in den Fluss und trieben ans gegenüberliegende Ufer, das nun den Namen »Pashupathi« erhielt, was so viel bedeutet wie »Herr der Tiere«, »Herr der Tierherde« oder auch »Herr aller Wesen«. Dies verweist auf die Fähigkeit des Gottes, die Schar seiner Anhänger wie ein Hirte aus dem Kreislauf von Tod und Wiedergeburt hinauszuführen. Shiva verkündete den anderen Göttern, dass er an diesem wunderbaren Ort bleiben und als seinen Namen auf Erden fortan »Pashupathi« annehmen werde. Das abgebrochene Horn aber, so bestimmte Shiva, solle als sein Symbol, als sein Lingam, angesehen werden. Tatsächlich wurde der Lingam zu einem der Hauptsymbole des Gottes Shiva, das im und um jeden Shiva-Tempel verehrt wird. Auch die in allen Shiva-Tempeln übliche Darstellung des heiligen Stieres Nandi, dem Reittier Shivas, befindet sich als große vergoldete Statue im Vorhof des Heiligtums von Pashupatinath. Im 14. Jahrhundert wurde der im Haupttempel verehrte Lingam von muslimischen Kriegern zerstört und der Tempel niedergebrannt, doch von den nepalesischen Königen wieder ersetzt und neu aufgebaut. Auch als im Jahr 1696 Termiten den Tempel zerstörten, wurde er innerhalb von acht Monaten neu errichtet. Überhaupt sorgten die Könige von Nepal bis in die Neuzeit für die Renovierung und den Ausbau des Heiligtums, das zudem glücklicherweise von den schweren Erdbeben in den Jahren 1810, 1833 und 1934 verschont blieb. Auch das verheerende Erdbeben von 2015 ließ Pashupatinath unbeschädigt. Hier hat wohl Shiva, der im Hinduismus auch das Prinzip der Zerstörung und Erneuerung repräsentiert, seine schützende Hand über sein Heiligtum gehalten. Die Legende berichtet weiter, wie sich auch andere Götter und auch Parvati später an diesem lieblichen Ort ansiedelten. Sie alle werden im Tempelbezirk von Pashupatinath verehrt, Shiva aber stieg zu einer Art nepalesischer Staatsgottheit auf und Pashupatinath wurde zu einem der vier bedeutendsten Shiva-Tempel der Welt. Der Gott Shiva ist eine der ältesten und bedeutendsten Götter des hinduistischen Pantheons, obwohl der Name Shiva in den Veden gar nicht vorkommt. Doch ist er eine Gottheit mit einer sehr großen Erscheinungsvielfalt – mit 1008 Namen wird er genannt und angebetet. Seine wohl bekannteste Erscheinung ist jene in der hinduistischen Trinität von Brahma, dem Schöpfer, Vishnu, dem Erhalter und Shiva, dem Zerstörer. Doch ist seine Rolle als Zerstörer nicht als rein destruktiv aufzufassen. Sie zeigt ihn vielmehr als Gott des Wandels und der Befreiung, der durch die Zerstörung des Alten das Neue erst möglich macht und schafft. Vielen Hindus gilt Shiva daher als höchste Gottheit, als Herr aller Götter. Eine große Zahl seiner Namen bezieht sich daher auch auf seinen schöpferischen und wohlwollenden Aspekt als Herr des Universums. Eine weitere wichtige Erscheinungsform ist die des göttlichen Yogin und Asketen, des Herrn aller Yogis. Als solcher thront er gemäß der Legende auf dem Gipfel des heiligen Berges Kailash in Westtibet, umgeben von der himmlischen Pracht der Götterbereiche. Zahllos sind die Legenden, die sich um ihn ranken und zahllos auch die Tempel und Schreine in der gesamten hinduistischen Welt, in denen er angebetet wird.

**Schon im 5. Jahrhundert nahmen die Könige Nepals,** die selbst als göttliche Verkörperungen galten, den heiligen Ort unter ihre Obhut, und im Lauf der Jahrhunderte wuchs Pashupatinath zu einem großen Tempelkomplex mit dem

Von links: In Pashupatinath findet man auch noch »echte« Sadhus. | Lichterfest in Pashupatinath | Sadhus beim Shivarati-Fest | Sadhu in Yoga-Position

Shiva-Tempel als Haupttheiligtum mit seinem zweistöckigen vergoldeten Kupferdach sowie zahlreichen Nebentempeln, Schreinen, Pilgerherbergen, Küchen, Sterbehospizen und den *ghats*, den Plattformen und Treppen am Fluss, wo die Leichen von Gläubigen eingeäschert werden. Auch viele Opfer des großen Erdbebens vom April 2015 wurden in Pashupatinath verbrannt, denn der Tempelkomplex blieb von Erdbebenschäden verschont.

**Nichts ist für einen gläubigen Hindu erstrebenswerter, als an einem solch heiligen Ort zu sterben** und verbrannt zu werden, denn wird die Asche des Verstorbenen in den heiligen Fluss gestreut, verheißt dies Befreiung aus dem Kreislauf von Tod und Wiedergeburt. Jedes Jahr reisen Hunderte alter Hindus nur zu dem Zweck an, sich in Pashupatinath zum Sterben niederzulegen und dort verbrannt zu werden. Auch die Könige von Nepal und Angehörige der höheren Kasten wurden hier auf den *arya ghats*, speziell ihnen vorbehaltenen, nahe am Tempel gelegenen Verbrennungsplätzen, eingeäschert. Allen Angehörigen niederer Kasten bleiben die *surya ghats* in der Nähe der Brücken. Zutritt zum Heiligtum von Pashupatinath haben seit dem 19. Jahrhundert ausschließlich Hindus. Diese Regelung wird sehr streng gehandhabt, sodass selbst Hindus aus westlichen Ländern abgewiesen werden, weil man in ihnen verkleidete Touristen vermutet, auch wenn sie in hinduistischer Ritual- und Gebetspraxis bewandert sind oder sich gar den pilgernden Sadhus angeschlossen haben. Den Tempelwächtern gelten offenbar nur einheimische oder indische Gläubige als »echte« Hindus. Doch von einer mit Lingams eingefassten Terrasse auf den Hügeln am gegenüberliegenden Ufer können auch Nicht-Hindus Einblick nehmen in das Geschehen an den Ghats und in die Außenbereiche und Höfe der Tempel. Dort stehen auch Gedenkschreine, die daran erinnern, dass in alter Zeit die Witwen ihren verstorbenen Ehemännern in die Flammen der Scheiterhaufen an den *ghats* folgten. Bei der Einäscherung von König Pratapamalla im 17. Jahrhundert sind gleich neun Frauen ins Feuer gesprungen, die Königin und acht Konkubinen.

**Doch ist Pashupatinath alles andere als ein Ort des Todes und der Trauer.** Vielmehr ist es ein Platz pulsierenden Lebens. Zwischen halb verbrannten Leichen und den auf ihre Verbrennung wartenden, in gelbe Tücher gehüllten Toten nahmen noch vor wenigen Jahren viele Pilger ihr Bad in den heiligen Wassern der Bagmati und vollzogen die rituellen Waschungen. Mittlerweile aber ist die Bagmati derart verschmutzt, dass nur noch ganz Hartgesottene den Kontakt mit der »heiligen Brühe« wagen. Durch den Tempelbezirk zieht ein nicht abreißender Strom von Menschen. Bettler und Händler, die Blumen, Räucherstäbchen, Esswaren und allerlei Tand anbieten, mischen sich unter sie, ebenso halbnackte Sadhus, die mit Asche eingeriebenen

und den Zeichen des Shiva bemalten Wanderheiligen. Für die Hindus aus Nepal ersetzt Pashupatinath die Pilgerreise ins ferne Varanasi am Ganges, das alte Kashi, dem wohl heiligsten Ort der gesamten hinduistischen Welt, den jeder Hindu mindestens einmal in seinem Leben aufsuchen und an dem er sterben und verbrannt werden möchte. Doch die gleichen spirituellen Verdienste für Lebende und Tote lassen sich auch in Pashupatinath ansammeln. Kein Wunder also, dass sich Ende Februar zum Fest Shivarati wahre Pilgermassen aus Nepal und ganz Indien in Pashupatinath einfinden, um diese Verdienste zu erlangen. Für einige Tage im Jahr wird dieser Ort dann zum Mittelpunkt der hinduistischen Welt. Ganz Kathmandu ist an den Festtagen von Pilgern überfüllt, zumal sich das Shivarati-Fest in manchen Jahren mit Losar, dem tibetischen Neujahrsfest, überschneidet, zu dem zahllose tibetisch-buddhistische Pilger nach Kathmandu kommen, vor allem zu dem unweit von Pashupatinath gelegenen großen Stupa von Bodnath (siehe S. 106 ff.).

**Den Pilgern und Saddhus in Pashupatinath begegnet man auch am Hügel auf der anderen Flussseite,** wo einst Asketen und Yogis in Höhlen lebten. Doch die meisten Sadhus, die sich heute hier oft in pittoresken Posen zeigen, sind keine echten Asketen und Wanderheiligen, sondern verkleidete Bettler, die dem einträglichen Gewerbe nachgehen, sich gegen Geld von Touristen fotografieren zu lassen, wie das heutzutage an zahllosen touristischen Hotspots weltweit praktiziert wird. Schon denkt die Verwaltung des Heiligtums darüber nach, diese sogenannten »Cash«-Sadhus zu vertreiben, weil sie den Besuchern aus aller Welt ein falsches Bild der hinduistischen Religion vermitteln und die Würde des heiligen Ortes stören. Pashupatinath selbst strahlt diese Würde und Mystik trotz heilloser Verschmutzung des Bagmati-Flusses und der profanen Aktivitäten der »Cash«-Sadhus noch immer aus. Es ist für Gläubige aller Religionen ein passender Ort, um angesichts der brennenden Leichen über die Vergänglichkeit allen Lebens und die eigene Sterblichkeit zu meditieren. Auch die Stimmung beim großen Shivarati-Fest ist bis heute authentisch und von spiritueller Inbrunst geprägt.

**Auf der Nordseite des Hügels liegt das der Kali geweihte Heiligtum von Guyeshvar.** Genau dort soll der Lotos mit den 10 000 goldenen Blättern und der hervorzüngelnden Flamme des Ur-Buddha, von dem wir in der Gründungslegende von Swayambunath hören (siehe Seite 106 ff.) seine Wurzeln geschlagen haben. Daher war in alter Zeit Pashupatinath auch ein Pilgerziel für Buddhisten. Im südlichen Bereich des Tempelbezirks ist noch heute die große Statue eines stehenden Buddha zu bewundern, datiert auf das 11. Jahrhundert, ein Stück weit in die Erde eingesunken und doch deutliches Zeichen der religiösen Toleranz, die Nepal bis in unsere Gegenwart prägt.

# Jaddan, der Schamane

»Wahres Mitgefühl
ist immer stark,
und die wahrhaften Starken
sind voller Zärtlichkeit.«

**Jiddu Krishnamurti**

»Mitgefühl mit allen Geschöpfen ist es, was uns zu Menschen macht«, seine Augen sind aufgerissen und klar, welch eine Kraft geht von diesem Menschen aus! »Mitgefühl bedeutet Leidenschaft für alle!«, Jaddan zeigt auf einen Text des indischen Philosophen Krishnamurti, das Buch wirkt abgegriffen und zerfleddert.

Es ist eine milde Nacht in Kokar, einem winzigen Bergdorf, weit über dem Tal des Modi-Kola-Flusses. Tief unter uns erkenne ich die Lichter des Dorfes Chomrong, am Horizont thront das Annapurna-Massiv. Jaddan hat sein Haus bewusst an einem exponierten Nord-Grad gebaut; der 270-Grad-Rundblick vermittelt eine einzigartige Kraft und Weite. Ein Ort als Spiegel der Seele – der Ruhepol von Jaddan, dem Schamanen!

»Wir werden alles an die Annapurna mitnehmen«, Jaddan legt seine Schamanentrommel, seinen Filzhut mit Krähenfedern, den Gürtel mit unzähligen Messingglocken und seine großen Handzimbeln auf den Tisch. Wir blicken auf seine alte Trommel, deren Rahmen aus einem gebogenen Holzspan eines heiligen Weltenbaums, dem Symbol für die Achse der Welt, gefertigt ist. Diese Trommel ist sein symbolisches Reittier, das ihn auf seinen mystischen Himmelsreisen, beim Orakeln und bei Krankenheilungen, begleitet. Mit diesen wichtigen Ritualgegenständen erzeugt er die Töne, die ihn in unterschiedlichste Bewusstseinsformen tragen, zu Orten von Wissen, Kraft und Visionen. »So komme ich in Kontakt mit den Ahnen und den Geisterwesen und ich spüre die Energie von Menschen, Tieren und Pflanzen. All diese sind meine Verbündeten und Helfer, sie geben mir Kraft, Wissen und Balance, um Probleme zu erkennen und den Menschen zu helfen. Der Weg der Schamanen ist der Weg der Liebe und des Mitgefühls«, Jaddan lächelt mir zu: »Mein Schüler Gam wird uns zum Annapurna begleiten«, ergänzt Jaddan.

Der Schamane Jaddan mit der Glücksplatte der Schatzvase. Das tibetische Glückssymbol der Schatzvase gilt als Zeichen für Weisheit und Mitgefühl.

Folgende Doppelseite: Jaddan und sein Schüler Gam bei ihrem ersten schamanischen Ritual vor dem Ausgang der Hinko-Höhle

Ich schlüpfe in meinen Schlafsack, die letzten Tage ziehen an mir vorbei. Die Ankunft in Pokhara, das Wetter war blendend, mit makellosem blauen Himmel und freier Sicht auf Annapurna und den Machapuchare. Im Bus ging es nach Birethani, danach weiter auf dem Jeepdach nach Kimche – nirwanische Akrobatik der feinsten Art.

Vor zwölf Jahren hatte ich am Vollmondfest der heiligen Seen von Gosaikunde den Schamanen Jaddan kennengelernt. Er lebte in einem kleinen Dorf hoch oben in den Bergen, zwischen Gandruk und Chomrong. Jetzt, nach zwölf Jahren, waren wir auf der Suche nach ihm. Wir, das sind mein Freund Jens Steingässer, der als Fotograf gerade an einer weltweiten Klimawandel-Geschichte arbeitet, Shiva Shrestha und zwei nepalesische Träger. *No problem, I can phone him!*, verblüfft schaute ich den alten Lehrer Rai Bahadur Gurung an. Am Abend zuvor hatten wir ihm die Geschichte von Jaddan erzählt. Die halbe Nacht hatte er Freunde angerufen und die Handynummer ausfindig gemacht. Jaddan, so erfahren wir, hielt gerade eine Totenzeremonie ab und würde aber am Abend in sein Dorf zurückkehren. Wir stoßen mit »Nepali-Tea« auf die Errungenschaften der digitalen Kommunikation an und erblassen, als uns Rai Bahadur mit senkrechtem Arm den steilen Aufstieg zu Jaddans Dorf erklärt. Drei Stunden stiegen wir im Dschungel auf, erinnerten uns an Rai Bahadurs senkrechten Arm und fanden, dass er mit der Gradanzeige nicht übertrieben hatte. Nach Sonnenuntergang erreichten wir das winzige Dorf. *Jaddan, are you at home?*, rief ich in die Nacht. Aus einem Bambusstall schallte uns eine Antwort entgegen, die selbst die lauten Zikaden für einen Moment verstummen ließ. »*Malai kole bolaeko?* – Wer ruft nach mir?« Mit einer Lampe in seiner Hand stand er uns gegenüber. Seine Schamanenaugen waren immer noch so stechend und furchterregend wie damals. Im grellen Licht betrachtete er mein Gesicht, und man sah, wie sein Wiedererkennungsprogramm in seinem

Kopf für ein paar Sekunden ratterte. Sein durchdringender Blick wich schließlich einem wohlwollenden Lachen: *Dieter, long time ago!*

Am nächsten Morgen gibt es erst mal frische Bohnen, Tee und ein paar Chapatis. An der Decke hängt Mais zum Trocknen, Jaddans jüngste Kinder krabbeln auf uns herum, immer in der Hoffnung, einen kleinen Blick auf unsere Kameradisplays zu erhaschen. Hier in der Annapurna-Region leben die Gurungs, ein Volk mit tibetischer Abstammung. Ursprünglich waren sie Anhänger der tibetischen Bön-Religion. Später haben sich die in den Hochtälern lebenden Gurungs dem tibetischen Buddhismus, dem Hinduismus zugewandt.

Jaddan Prasad Gurung ist 50 Jahre alt. »Mein Großvater war auch Schamane, bei ihm bin ich 20 Jahre in die Lehre gegangen. Gam Badadur Gurung ist seit 15 Jahren Schüler, mein Schüler. Seit seiner Kindheit hatte Gam intensive Träume und Gedanken. Er ist umsichtig, einfühlsam, aufrichtig und sehr aufmerksam. Schon als Kind fühlte er sich zum Schamanen berufen«, erklärt uns Jaddan.

Nach zwei Tagen erreichen wir die Hinko-Höhle auf 3170 Metern. Sie ist eher ein großer Felsüberhang denn eine Höhle. Wir alle spüren die immense Kraft, die dieser Ort ausstrahlt. Jaddan und Gam legen ihre Rucksäcke ab und packenihre Trommeln, Messingzimbeln, gefilzten Federhüte und Schellengürtel aus. *This holy place is important for us! We dance here and pray for good luck for our way to Annapurna!*, überzeugt uns Jaddan, während der Nebel aufzieht.

Das Zentrum des Gurung-Dorfs Ghandruk, das als Weltkulturerbe unter Denkmalschutz steht.

Jaddans Frau beeindruckt uns sehr. Sie hatte immer ein Lächeln im Gesicht, strahlte vor Zufriedenheit und innerer Ruhe.

C I J W SCHOOL

Machapuchare-Basislager, 3720 Meter Höhe. Am Berghang über unserer Lodge steht verlassen eine alte Meteorologenstation. Einst mit deutscher Hilfe erbaut, fristet sie heute nur noch ein kümmerliches Dasein. Wir treffen Mem Bahadur Gurung, 30 Jahre lang hat er die Wetterstation am Machapuchare-Basislager betreut, täglich die Daten aller Messgeräte in Tabellen eingetragen und nach Kathmandu übermittelt. »Es hat sich in den letzten 30 Jahren viel verändert. Früher hatten wir hier im Winter minus 20 bis minus 25 Grad und oft über sechs bis acht Meter Schnee. In den letzten zehn Jahren ist der Winter deutlich wärmer geworden, oft messen wir nur noch minus 8 Grad und kaum mehr als zwei Meter Schnee! Das Wasser der Gletscherschmelze fehlt den Bauern im Tal, die großen Flüsse Nepals werden viel weniger durch Schneeschmelze gefüllt. Das Klima wandelt sich erheblich. Beachtet genau am Annapurna-Gletscher die vielen schwarzen Oberflächen und den tief abgeschmolzenen Gletschergraben. Ihr werdet sehen, wie stark er sich schon zurückgezogen hat!«

Eine Stunde sind wir unterwegs, als sich rechts vom Tal unseres Aufstiegs ein zusätzliches gewaltiges Moränental öffnet. Wie ein spitzer scharfkantiger Drachenrücken trennt ein Berggrat unser Wiesental von der tief eingegrabenen Moränenschlucht. Jens und ich klettern an den überhängenden Geröllgrat, immer auf der Hut vor der gefährlichen Abrisskante. Wir blicken tief hinunter in das ausgeschliffene Moränental des Annapurna-Süd-Gletschers. Deutlich erkennen wir an den schroffen Steilhängen seine ehemalige Größe.

Viele Gurung-Männer haben in der indischen Gurka-Armee gedient und investieren ihre Pension in den Bau von Lodgen.

Ab 3000 Metern Höhe erleben wir die ersten Frostnächte und freuen uns über die klare Morgenstimmung.

Eine Stunde später im Annapurna-Basislager erklärt uns der alte Lodgebesitzer Rai Gurung: »Als ich noch ein Junge war, haben wir jede Nacht den Gletscher kalben gehört. Seit über zehn Jahren hat er damit aufgehört, es fällt kaum noch Schnee im Winter, er wird immer schwärzer und die Sonne kann ihn nun noch schneller schmelzen. Irgendwann wird er ganz verschwunden sein!«

Eine Stunde vor Sonnenaufgang stehen wir in eisiger Kälte auf einem kleinen Hochplateau. Der Vollmond steht senkrecht über der Annapurna-Süd, deren Gipfel von den ersten Sonnenstrahlen getroffen werden. Unter dem rhythmischen Schlagen der Trommel und dem Klang der Zimbeln umschreiten die beiden Schamanen unzählige Male einen Stein-Chörten und versetzen sich in Trance. Jaddan und Gum verlassen die »alltägliche Wirklichkeit«, gehen auf ihre schamanische Reise als Vermittler zwischen den Welten, gleiten über in die Sphäre der Götter, Geister und Dämonen, eingebettet in »das große Ganze«. Nach zehn Minuten »kehren sie zurück«, zelebrieren ein Friedensritual, halten wie tibetische Mönche Donnerkeil und Glocke in ihren Händen und segnen den auserwählten Ort.

Jaddan richtet die Kupferplatte gen Annapurna und wirft gesegnete Reiskörner. Dann platziert er die Glücksplatte zwischen den Steinen und verbeugt sich schweigend. Seine Augen umarmen uns in Mitgefühl und Würde.

»Nur wenn Mitgefühl da ist, existiert jene Intelligenz,
die der Menschheit Sicherheit und Stabilität,
ein ungeheures Gefühl der Stärke gibt.«
*Jiddu Krishnamurti*

Bei den Gurungs verbindet sich Bön-Glaube mit Buddhismus.

Der Schamanenhut von Gam trägt einen Krähenkopf, ein Symbol des Weltenbaums, auf dem Seelen in Gestalt von Vögeln sitzen.

Traditionell leben die Gurungs von Handel, Viehzucht, dem Knüpfen von Tragekörben, Teppichen und Decken. Ihr Name stammt vom tibetischen Wort *grong* ab, was man als »Bauer« übersetzen kann. Ihre hübschen rechteckigen Häuser bestehen aus Trockenmauern und sind mit Schiefer bedeckt. Viele Gurungs sprechen neben Nepalesisch noch immer ihr traditionelles Temü-Tan, eine tibeto-birmanische Sprache.

Viele Gurungs in der Annapurna-Region haben es durch den Tourismus zu Wohlstand gebracht und schicken ihre Kinder in Kathmandu zur Schule. Kontakt gehalten wird oft über das Handy, welches wirklich jede Großmutter hier bedienen kann und zu manchem Geschrei am Wegesrand führt.

Jens und ich schlafen am Annapurna Base Camp direkt an der Gletscherkante. Wir dokumentieren noch bis spät in die Nacht hinein die dramatischen Auswirkungen des Klimawandels am Süd-Gletscher der Annapurna. In den Gesprächen mit nepalesischen Bauern des Hochlandes der Annapurna-Region, werden uns immer wieder drastische Klimaveränderungen beschrieben. Das verheerende Schnee- und Lawinendrama im Oktober 2014 war für viele Menschen vor Ort ein weiterer Beweis.

Sonnenuntergang und Bergfoto-Session hinter wärmenden Glasscheiben. Unter Japanern, Chinesen und Koreanern ist eine Trekkingtour ins Annapurna-Basislager sehr beliebt. Sie zählt zu Nepals meistbegangenen Wandertouren. Oft müssen die Schlafplätze in den Lodges reserviert werden. Die Gefahr, in der Hauptsaison keinen Platz mehr zu ergattern, ist groß.

»Die wirkliche Essenz des menschlichen Wesens ist die Güte.
Es gibt noch andere Qualitäten, die sich aus der Erziehung,
dem Wissen ergeben, aber wenn man wahrhaft ein menschliches Wesen werden
und der eigenen Existenz einen Sinn geben will, dann ist es essenziell,
ein gutes Herz zu haben.«

**14. Dalai Lama**

»Denke nicht nur mit deinem Kopf, denke mit deinem ganzen Körper.«

**Eckhart Tolle**

Dorje – »der Donnerkeil« – und Ganda – »die Glocke« –, gehören zu den wichtigsten Ritualgeräten und stehen für die Polaritätenvereinigung im Mahayana-Buddhismus.

Jaddan, der Schamane, liest täglich in seinen tibetischen Medizintexten.

»Ganz im Geheimen sprachen der Weise und ich.
Ich bat ihn: ›Nenne mir die Geheimnisse der Welt.‹
Er sprach: ›Schweig und lass dir von der Stille
die Geheimnisse der Welt erzählen‹.«

**Rumi**

Der Schamane Jaddan hinterlegt die zweite Glückssymbolplatte am Basislager der Annapurna auf 4200 Metern Höhe.

Folgende Doppelseite: Traumhaftes Morgenwetter: Das Ritual der Schamanen schließt mit tibetischer Handglocke und Schrifttexten auch Bereiche des Buddhismus mit ein.

# Die Religionen Nepals

# Wo Shiva auf Buddha trifft

Außerhalb der Altstadt Kathmandus, an einer verkehrsreichen Durchgangsstraße, liegt ein unscheinbarer Tempel, der in Reiseführern kaum Erwähnung findet. Er ist dem *mahakala* geweiht, dem »Großen Schwarzen«, einer furchterregenden tantrischen Schutzgottheit, die vor allem im tibetischen Buddhismus verehrt wird. Der kleine Tempel in Kathmandu aber zieht nicht nur Buddhisten an, sondern auch viele Hindus, die *mahakala* als Erscheinungsform des Shiva sehen. Einträchtig schütten sie mitgebrachte Opfer in den weit aufgerissenen Rachen der *mahakala*-Statue im Inneren des Tempels. Die Schutzgottheit bevorzugt Hochprozentiges – Whisky, Gin und Wodka fließen in Strömen ins zähnebleckende Maul des »Großen Schwarzen«. Die immer durstige Gottheit verdeutlicht einen Aspekt des religiösen Lebens in Nepal, von dem unsere moderne Welt lernen könnte: Toleranz. Ob der Schnaps aus den Händen eines Hindu oder eines Buddhisten fließt, dem *mahakala* ist es einerlei, und ebensowenig fragen die Pilger, welcher Religion der Nebenmann im Tempel angehört. Ob Hindu, Buddhist oder Schamane, alle sind gleich vor der schaurigen Gottheit. Nach ihrem Glauben gefragt, sprechen viele Nepali ohnehin nur von »unserer Religion«, die ganz offenbar alle Götter, Buddhas, Bodhisattvas und Naturgeister umfasst. Dabei war der Hinduismus bis vor Kurzem Staatsreligion, und die Könige Nepals wurden vom Volk als Verkörperungen des Gottes Vishnu verehrt. Weite Gebiete des Landes werden heute aber vom Buddhismus dominiert, etwa Khumbu, Heimat des Stammes der Sherpa, das abgelegene Dolpo oder das ehemalige Königreich Mustang.

**Das Reich der Geister:** Noch eine dritte Glaubensrichtung ist traditionell in Nepal wie auch im ganzen Himalaya und in vielen anderen Weltgegenden verbreitet, der Schamanismus, der eigentlich nicht als »Religion« bezeichnet werden kann, sondern seine Wurzeln in den urtümlichen animistischen Glaubensvorstellungen des Volkes hat und daher wohl älter ist als alle organisierten Religionen. Im Zentrum steht der von mächtigen Geistern selbst auserwählte Schamane, der in Trance mit der Geisterwelt in Kontakt steht, »Seelenreisen« unternimm,t und so Dämonen überwindet, Krankheiten heilt undseine Anhänger vor allen negativen Einflüssen und Feinden schützen kann. Durch seine magische Macht und Rituale vermag der Schamane die Welt zu beeinflussen und zu verändern. Dem Schamanismus nahe steht die bei etwa 3,1 Prozent der nepalesischen Bevölkerung verbreitete Religion Kirant Mundhum, die Animismus, Ahnenverehrung sowie Elemente von Hinduismus und Buddhismus vereinigt und die in offiziellen Statistiken als eigenständige nepalesische Religion aufgeführt wird. Solchen Statistiken zufolge leben in Nepal auch 4,4 Prozent Muslime und 1,4 Prozent Christen.

Mit über 80 Prozent sind die Hindus aber in der großen Mehrheit, die Buddhisten kommen auf 9 Prozent.

**Der Hinduismus ist eine schwer fassbare Religion,** ohne Gründerpersönlichkeit und ohne offenbartes heiliges Buch, auf das sich, wie etwa im Islam, alle Gläubigen berufen. Sogar der Begriff »Hinduismus« ist nicht korrekt, war »Hindu« doch eine eher abfällig gemeinte Bezeichnung der muslimischen Eroberer für die indische Bevölkerung, ein Name, der später von den englischen Kolonialherren und der ganzen westlichen Welt übernommen wurde. Die Inder, in deren Sprache es gar kein Wort für »Religion« gibt, nennen ihren Hinduismus *sanatana-dharma*, was so viel bedeutet wie »Ewige Wahrheit« oder »Ewiges Gesetz«.

Dass diese »Ewige Wahrheit« Toleranz gegen andere Religionen beinhaltet, versteht sich von selbst. Heißt es nicht schon im Rigveda, der ältesten Schriftensammlung des Hinduismus: »Es gibt nur eine Wahrheit, aber die Weisen nennen sie mit verschiedenen Namen.« Solche Toleranz erklärt auch die komplexe Vielschichtigkeit des Hinduismus, der eigentlich kein klar definiertes Glaubensbekennntnis darstellt, sondern eine Klammer um eine

Von links: Die zornvolle Schutzgottheit Mahakala | Yoga ist eng mit dem Hinduismus verbunden | Buddhistischer Mönch im Dorf Marpha bei der Kali-Gandaki-Schlucht | Der »schlafende Vishnu« von Budhanilkantha

breite Fächerung religiöser Strömungen. Alle nur denkbaren religiösen Konzepte der Menschheit sind im Hinduismus verwoben – Naturreligion, Polytheismus, Monotheismus, Pantheismus, Monismus. Innerhalb der gleichen Klammer des Begriffs Hinduismus stehen simpelste Volksreligiosität mit blutigen Tieropfern und der Verehrung von insgesamt angeblich 330 Millionen göttlichen Wesen den sublimen Lehren des Vedanta über die Einheit von Atman und Brahman, über die illusionäre Existenz der sichtbaren Erscheinungen und die Wirklichkeit des Nicht-Dualen gegenüber. Starke Strömungen mit jeweils Millionen von Gläubigen haben sich im Lauf der Jahrhunderte herausgebildet, so die Verehrung von Shiva, Vishnu, Brahma oder der Urmutter Mahadevi als jeweils höchste Gottheit, doch keine dieser Strömungen befeindet die andere.

**Allen Hindus der verschiedenen Ausrichtungen und Schulen gemeinsam** ist das Streben nach *moksha*, nach Befreiung aus dem Kreislauf von Tod und Wiedergeburt. Anfangs, ab etwa 1800–1600 v. Chr., als die indoarischen Einwanderer eine neue Kultur und neue Götter nach Indien gebracht und die Grundlage des Hinduismus bereitet hatten, führte dieser Weg zur Befreiung über komplizierte Opferrituale, auf deren Ausführung die Brahmanen spezialisiert waren. Die Indoarier führten nämlich auch das strenge Kastenwesen ein, das Indien bis in die Gegenwart dominiert. Die Priesterkaste der Brahmanen stand an der Spitze dieser »gottgegebenen« Hierarchie und zementierte ihre Privilegien durch den Anspruch, dank ihres Wissens um die korrekte Opferpraxis als alleinige Mittler zwischen Göttern und Menschen auftreten zu können. Doch um etwa 400 v. Chr. vollzog sich eine Veränderung in diesem starren System. Der individuelle spirituelle Weg zu *moksha*, unabhängig von der Macht einer bestimmten Kaste, trat allmählich in den Vordergrund. Es entstanden die Schriften der Upanishaden, in denen es nicht mehr um Opfer und Rituale oder die vedischen Wissenschaften wie Mathematik, Astronomie oder Grammatik ging, sondern um die Stellung des einzelnen Menschen in der Welt und seine Möglichkeiten, durch eigenes Bemühen Befreiung vom Rad des Lebens zu erlangen. In dieser Zeit erlebte auch die Lehre von Karma und Reinkarnation ihre volle Ausprägung und verwies die Verantwortung für spirituelle Befreiung noch mehr auf jedes einzelne Individuum, zumal auch die Götter diesem Karma-Gesetz unterworfen und somit endlich waren.

**Buddha und der individuelle Weg zur Befreiung.** Vom Geist dieser neuen Epoche ergriffen war auch der junge Prinz Siddhartha Gautama, der sein verwöhntes Leben in den Palästen seines Vaters aufgab und sich Wanderasketen anschloss, die strengste Askese und Versenkung ausübten. Bald jedoch wurde dem Prinzen klar, dass der wahre Weg zur Befreiung, zum Erwachen, nicht in Extremen liegt, sondern im Weg der Mitte. Unter einem Feigenbaum im

nordindischen Bodh Gaya wurde Siddhartha Gautama nach langer Meditation zum Buddha, zum Erwachten. Sein »Erwachen« markiert die Geburt einer neuen Weltreligion. Buddhas Lehre traf den Zeitgeist und verbreitete sich rasch über ganz Indien und später über weite Teile Asiens aus. Auch seine Lehre ist auf die Lage des individuellen Menschen in der Welt ausgerichtet, auf die Möglichkeit, dass jeder Mensch durch eigenes Bemühen Befreiung erlangen und selbst zum Buddha werden kann. In seiner ersten Lehrrede formulierte er die Vier Edlen Wahrheiten, die als Grundlage des Buddhismus gelten und bis heute weltweit in allen buddhistischen Schulen und Sekten gelten: 1. Die Edle Wahrheit vom Leiden – dass alles Dasein im Kreislauf der Wiedergeburten leidhaft ist. 2. Die Edle Wahrheit von den Ursachen des Leidens – Begierde und Anhaften an vergänglichen Dingen. 3. Die Edle Wahrheit von der Beendigung des Leidens – die Einsicht, dass Leiden durch eigene Anstrengung beseitigt werden kann. 4. Die Edle Wahrheit vom Weg, der zur Überwindung des Leidens führt – der Edle Achtfache Pfad, eine Leitlinie zur Beendigung des Leidens, zum Erwachen, wie der Buddha dies bei seiner eigenen Erleuchtung unter dem Bodhi-Baum erfuhr. Schon bald nach Buddhas Tod kam es zu Aufspaltungen in verschiedene Schulen. Aus einigen von ihnen formte sich um die Zeitenwende das sogenannte *mahayana* (großes Fahrzeug), das nicht mehr nur den Mönchen die Fähigkeit zum »Erwachen« zugestand, wie das im alten Buddhismus, dem sogenannen *hinayana* (kleines Fahrzeug) der Fall war, sondern allen Menschen gleichermaßen. So wurde der Buddhismus von einem exklusiven Weg für Mönche zu einer Religion für die Massen. Heute ist vom *Hinayana*-Buddhismus nur mehr eine Schulrichtung erhalten, das Theravada, das vor allem in Südostasien und auf Sri Lanka verbreitet ist.

**Ideal des Mahayana ist der Bodhisattva,** der nur aus dem Grund Befreiung anstrebt, um allen anderen Wesen zu helfen. Auch der Buddha wird im *mahayana* nicht mehr nur als vorbildgebender Mensch gesehen, der nach seinem Tod im Parinirwana für immer »erloschen« ist, sondern als überweltliches Wesen, das an keine zeitliche Bedingtheit gebunden ist. Im 5. oder 6. Jahrhundert begannen sich tantrische Lehren und Praktiken mit dem *Mahayana*-Buddhismus und auch mit dem Hinduismus zu verbinden. Daraus entstand das dritte »Fahrzeug« des Buddhismus, Vajrayana, das diamantene Fahrzeug, das sich nach dem Niedergang des Buddhismus in Indien vor allem in den Himalayaländern und in Tibet verbreitete. Auch der heute in Nepal verwurzelte Buddhismus ist dem Vajrayana zuzurechnen, nicht zuletzt wegen der zahlreichen tibetischen Exilklöstern, die in Kathmandu erbaut wurden, und in die mittlerweile auch zahlreiche junge Nepali als Mönche eintreten, die eigentlich im Elternhaus als Hindus erzogen wurden.

Manaslu

# Der Amchi Kesang Lama

»Lebe ein gutes, ehrbares Leben! Wenn Du älter bist und zurückdenkst, wirst Du es noch einmal genießen können.«

**14. Dalai Lama**

Da ist sie wieder, diese Urkraft an Leichtigkeit, Frieden und Stille. Der leise monotone Klang der Feuerstelle, der Blick in die Zeitlosigkeit, der lodernde Tanz der Flammen – einmalig, abstrakt, unwiderruflich. Gegenwart pur. Kein »war«, kein »wird sein«. Es ist der Bann des Augenblicks, der uns spüren lässt, wo unser Geist seine Heimat hat. Jeder kennt diesen gegenwärtigen Moment, der Blick ins Feuer, der uns zur Ruhe führt und wieder ein Stück näher zu uns bringt. *»Remember to remember that you remember* – Erinnere Dich, dass Du Dich erinnerst, Dich zu erinnern!« Die Worte von Sogyal Rinpoche sollten wir uns auf den Badspiegel schreiben, an den Bildschirm unseres Computers heften, auf unsere Gabel gravieren, ins Armband unserer Uhr weben. Warum verfallen wir immer wieder so schnell in den Alltag, verstricken uns in Sorgen und Ängste, in Überaktivitäten und Abhängigkeiten? Rilke bringt es auf den Punkt, wenn er sagt: »Unsere Ängste sind wie Drachen, die unsere schönsten Schätze bewachen!«

Wo finden wir also noch unsere Feuerstelle in unserem getriebenen Leben, in den Städten, in den Büros, in unserem eigenen Zuhause? Warum neigen wir dazu, in der Vergangenheit zu schwelgen und uns um die Zukunft zu sorgen, wo doch Leben Gegenwart bedeutet?

Ich kann nicht sagen, dass es ein »Versuch« war oder ein »Experiment«, als ich mich entschloss, an den Manaslu zu gehen, ohne einen »Plan« zu haben, wer die dritte Platte hinterlegt. Es war ein Urvertrauen in den Moment der Begegnung. Charlie Chaplin, im Herzen ein wahrer Mystiker, hatte es so formuliert:, »Als ich begann mich selbst zu lieben, verstand ich, dass ich unter jedem Umstand zur richtigen Zeit am richtigen Ort bin, und dass alles zu genau dem richtigen Zeitpunkt passiert. So konnte ich ruhig werden.« Und nun sitze ich in der kleinen Hütte von Kesang Lama, dem Amchi, am Fuße des Manaslu und blicke ins Feuer.

Der Amchi Kesang, ein Leben in Demut und Achtsamkeit

Die dritte Platte – das Rad der Lehre. Buddha setzte es vor über 2500 Jahren in Bewegung.

Folgende Doppelseite: Das Haus von Kesang Lama und seiner Frau Diki Zindum umfasst nur einen Wohnraum.

Der Manaslu ist der dritte Achttausender auf unserem Weg in Nepals Osten. Drei: die Zahl des dreidimensionalen Weltbilds, der dritten Dimension, das Symbol des Göttlichen, das nicht im Dualismus verharrt. Aus der ewigen Liebe geht die ewige Weisheit hervor und aus dieser Liebe-Weisheit entfaltet sich das Dritte: die göttliche Kraft. Die Trinität steht für Körper, Seele und Geist, im Korintherbrief für Glaube, Liebe und Hoffnung.

Kein Wunder, dass der Weg zum Manaslu auch als »das heilige Tal der 100 Klöster« bezeichnet wird. Er verläuft entlang des Flusses Budhi Gandaki Nadi, startet im subtropischen 570 Meter hohen Arughat Bazar und bringt uns in zehn Tagen Fußmarsch zu den kargen Weideflächen an der Ostflanke des Manaslu-Himal im tibetischen Grenzgebiet. Hier leben die Bodhias, Bauern und Yakhirten mit Wurzeln in Tibet. Vor über 400 Jahren, auf Suche nach neuem Weideland, querten sie die eisigen Gletscher des Himalaya. Nicht nur ihre Yaks brachten sie über die Grenzen nach Nepal, sondern auch den Buddhismus, gründeten Klöster, errichteten unzählige Mani-Mauern und heilige Chörten (Kultbauten). Die meisten der hier angesiedelten Klöster vertreten die älteste Tradition der vier tibetisch-buddhistischen Grundschulen, der Nyingmapa, die im 8. Jahrhundert von Padmasambhava gegründet wurde. Er weissagte:

»Wenn der Eisenvogel fliegt und die Pferde auf Rädern rollen, wird eine fremde Macht Tibet überfallen und sich zum Herrscher der Welt erheben. Dann werden die Menschen aus dem Schneeland wie Ameisen fliehen und der Buddhismus erreicht die Herzen im Westen.«
*Padmasambhava*

Neben Shiva Shrestha und den beiden Trägern Kumar und Milam begleiten mich diesmal meine Frau und Fotografin Andrea Nuss. Wir waren in Lho auf 3150 Metern Höhe angekommen. Oberhalb des Dorfes, mit majestätischem

Blick auf den Manaslu, thront das Kloster Ribung. In dessen Bibliothek fiel uns ein älterer Mönch auf. Er saß mit fünf Novizen auf dem Boden und lauschte andächtig ihren Erzählungen. Uns schien, als ob sie seinen Rat suchten. Immer wieder legte er seine Hand auf die Schulter eines Kindes und gab leise Antworten. Die Atmosphäre im Raum hatte etwas Heilendes. Seine Art zu sprechen, seine Umsicht und sanfte Autorität, aber auch sein Respekt vor den Anliegen der kleinen Mönche war beeindruckend. Eine schrille Glocke schlug zur Mittagspause.

»Sie werden gefunden, wenn sie gefunden werden wollen«, dieser Satz von Truman Capote klebt nicht nur bei mir zu Hause am Kühlschrank, sondern gehört auch zu meinen tiefsten Lebenserfahrungen.

Kesang Lama ist 66 Jahre alt. Er ist kein Mönch, sondern versteht sich als eine Art Seelsorger, jemand, bei dem man sich einen Rat einholt. So betreut er auch die Novizen vom Kloster, wenn sie Fragen und Nöte quälen. Er achtet auf die Körpersprache der Ratsuchenden, hört ihnen ruhig zu und spricht heilsame Mantras, die er als Amchi (tibetischer Arzt) in seiner Ausbildung gelernt hat.

Ich zeigte ihm die dritte Glückssymbolplatte mit dem Rad der Lehre. Ja, er kenne einen heiligen Ort an der Ostflanke des Manaslu und lud uns zu sich nach Hause ein.

Jetzt sitzen wir am Feuer seines einzigen Wohnraums, Diki Zindum, seine junge Frau lacht uns fröhlich an und schenkt Tee nach. Demut, Frieden und Güte brauchen nicht viel Platz.

Schmackhafte Kartoffeln werden in der Manaslu-Region noch bis in einer Höhe von 4000 Metern angebaut.

Die Novizen des Klosters Ribung gesellen sich gerne zu Kesang Lama. Er ist ihr Seelsorger und Ersatzvater in einer Person.

Kesang Lama und seine Frau wirken zufrieden. Sie führen ein bescheidenes Leben. Ihre Lebensmittel wie Kartoffeln, Gerste, Milch und Butter erwirtschaften sie sich selber. Sogar die Wolle von ihren Yaks und Ziegen verarbeitet Diki Zindum geschickt auf ihrem Webstuhl selbst. Und Kesangs Seelsorge wird mit Naturalien gewürdigt. »Unsere Ehe ist leider kinderlos. Wenn wir alt und gebrechlich sind, werden wir auf das Wohlwollen unserer Verwandten angewiesen sein«, lacht Diki mich an. Gegenseitiger Respekt und Humor sind einer ihrer Grundpfeiler. Wie pflegt der Dalai Lama zu sagen: »Menschen, die lachen, sind fähig zu denken!«

Wir rollen unsere Schlafsäcke aus. Kesang murmelt leise ein Mantra. Meister Eckharts Worte begleiten mich: »Menschen, die nach keinen Dingen trachten, weder nach Ehren noch nach Nutzen, noch nach innerer Selbstaufopferung, noch nach Heiligkeit, noch nach Belohnung, noch nach dem Himmelreich: in solchen Menschen wird Gott geehrt.«

Aufbruch am frühen Morgen. Wir sind auf dem Weg zum Bergdorf Samagoan. Kesang will uns zu einem heiligen Gletschersee unterhalb des Manaslu führen. Unterwegs sprechen wir über die Mystik der Zahl Acht. Das, was für die Christen die Zehn Gebote sind, ist für Buddhisten der sogenannte »Der Edle Achtfache Pfad«. Er führt die Menschen auf dem Weg, der sie vom Leiden befreit und zeigt, dass alle Handlungen nur unserer eigenen Verantwortung unterliegen. Unser Dasein, so erklärt mir Kesang, besteht aus fünf Skandhas, die für Körper, Gefühl, Ideenkonzept, Gewohnheitsstruktur und Wahrnehmung stehen.

Markant auf dem Weg zum Manaslu sind Durchgangs-Chörten. Ihre spirituellen Deckenmalereien bedeuten Segen und Schutz für den, der unter ihnen hindurchschreitet.

Diese Faktoren bilden das Resultat unserer früheren Handlungen und des hieraus resultierenden Karmas. Buddhas Achtfacher Pfad verweist auf acht Methoden, die, nur gemeinsam angewendet, uns vom Leiden befreien können, nämlich rechte Einsicht, rechtes Denken, rechte Rede, rechtes Handeln, rechter Lebenserwerb, rechte Anstrengung, rechte Achtsamkeit, rechtes Sichversenken.

Immer wieder führt uns Kesang auf Nebenpfade, entlang an Wassermühlen, kleinen Einsiedeleien und unscheinbaren Klöstern. Es sind mystische Orte, die ihn auf seinem spirituellen Weg begleiten und ihm vertraut sind. Wir erreichen Samagoan bei Sonnenuntergang.

Immer fleißig und humorvoll: Diki Zindum am Webstuhl, den Kesang ihr zur Hochzeit gebaut hatte.

Am Gletschersee des Manaslu segnet Kesang Lama die dritte Platte: das Rad der Lehre.

Früh am Morgen steigen wir steil auf zum Kloster Pema Chyöling. Nach der Querung einer Hochweide erklimmen wir einen weiteren Bergrücken und blicken hinunter zu einem großen Gletschersee. Als letztes Hindernis durchwaten wir barfuß den breiten Abflusskanal des Sees, immer auf der Hut vor vorbeirauschenden Eisbrocken. Weit über uns erhebt sich der schneeweiße Gipfel des 8163 Meter hohen Manaslu. Kesang Lama öffnet die in Brokat gehüllten Gebetstexte. Achtsam entzündet er den mitgebrachten Wacholder und segnet die dritte bronzene Glücksplatte: das Rad der Lehre.

Ich besinne mich meiner spirituellen Wurzeln, denke an Jesu Worte: »Freuet euch mit den Fröhlichen und weinet mit den Weinenden«, nichts ahnend, dass Kesangs Frau Diki Zindum einen Monat später sterben wird und wir am nächsten Achttausender unserer Reise Zeugen einer großen Tragödie werden: 16 Sherpas werden durch eine gewaltige Eislawine am Mount Everest am Karfreitag 2014 den Tod finden.

Niyma Lama, der Lehrer der Novizen vom Kloster Li in Ligaon, beeindruckt seine Schüler mit seinem neuen Tablet und einer Fülle von gespeicherten indischen Movies. In Kathmandu ausgebildet und studiert, wurde er von seinem Heimatkloster zurück »in die Provinz« nach Ligaon berufen. Kein leichter Weg für einen »modernen« Lama.

Die Familien im Tal des Budhi Gandaki schicken noch immer traditionell einen Sohn als Mönch ins Kloster. Über hundert Novizen leben im Kloster Ribung am Fuß des Manaslu. Zu ihrer täglichen Ausbildung gehören das Lesen und Rezitieren von Mantras und heiligen Texten, aber auch Dienste in allen gemeinschaftlichen Einrichtungen.

»Wenn wir im täglichen Leben lächeln, friedfertig und glücklich sind,
hilft das nicht bloß uns, sondern allen.
Wenn wir wirklich wissen, was Leben heißt,
können wir den Tag kaum besser als mit einem Lächeln beginnen, nicht wahr?
Unser Lächeln bestärkt uns in der Bewusstheit und im Entschluss,
in Frieden und Freude zu leben.
Die Quelle eines wahren Lächelns ist ein erwachter Geist.«

**Thich Nhat Hanh**

»Ist Religion nicht jegliches Handeln und Nachdenken?
Und das, was weder Handeln noch Nachdenken ist,
sondern ein Erstaunen und ein Verwundern, die unaufhörlich der Seele entsteigen,
selbst während die Hände den Stein behauen oder den Webstuhl bewegen?
Wer kann seinen Glauben von seinen Handlungen trennen
oder seine Überzeugung von dem, was er tut?«

**Khalil Gibran**

Nonnen vom Kloster Pema Chyoling oberhalb von Samagaon

Altes tibetisches Ehepaar in ihrer Klause
im abgelegenen Waldkloster von Ligaon

»Jeden Tag, wenn Du aufwachst, denke:
Heute habe ich Glück, denn ich bin aufgewacht, ich lebe.
Ich habe ein wertvolles menschliches Leben, ich werde es nicht vergeuden,
ich werde alle Energie nützen, um mich zu entwickeln,
um mein Herz zu erweitern gegenüber anderen,
ich werde nicht böse oder wütend werden,
ich werde anderen nutzen, so gut ich kann.«

**14. Dalai Lama**

Pro Perle ein Mantra des Mitgefühls – Kesang Lama mit seiner Gebetskette

Kesangs Frau Diki Zindum einen Monat vor ihrem Tod

»Wir brauchen keine Tempel,
wir brauchen keine komplizierten Philosophien,
unser Herz ist unser Tempel,
unsere Philosophie ist Güte.«

**14. Dalai Lama**

In der einsamen Stille des Gletschersees auf 3850 Metern Höhe, unterhalb des Manaslu, vollzieht Kesang Lama sein Ritual mit Handtrommel und Dorje, dem Donnerkeil.

Folgende Doppelseite: Chörten und Mani-Mauern schmücken den sakralen Eingang zum Bergdorf Samagoan.

## Die Stupas von Swayambhunath und Bodnath

# Die Augen des Buddha

**Die beiden großen Stupas des Kathmandu-Tales gehören zu den wichtigsten buddhistischen Heiligtümern** und den Top-Sehenswürdigkeiten des Landes. Noch vor Jahrzehnten lagen beide heilige Stätten außerhalb Kathmandus, heute sind sie umgeben von einem immer noch wachsenden Häusermeer. Und wie es solch hochverehrten Orten zukommt, sind beide von Legenden umwoben. Der Mythos über die Entstehung des Hügelheiligtums erzählt, dass vor undenklichen Zeiten das Tal von Kathmandu ein riesiger See gewesen war. Die moderne Geologie hat dies bestätigt. Vor Jahrmillionen dehnte sich dort, wo heute Everest & Co. aufragen, das Urmeer Tethys aus. Erst als sich vor vielen Millionen Jahren die indische Platte vom Urkontinent Gondwana löste, nach Osten driftete und dort auf den eurasischen Kontinent traf, wurden das Urmeer zusammengeschoben und die Bergzüge des Himalaya aufgefaltet. Große Flüsse brachen sich ihren Lauf durch das junge Gebirge, und die noch immer in Bewegung befindlichen Erdmassen stauten im Himalaya große tektonische Seen auf, auch den sogenannten Kathmandu-See. Ihn meint wohl die Legende, wenn sie vom großen Gewässer im Kathmandu-Tal spricht.

Die Fortsetzung des Mythos aber bleibt ganz im Reich der Legende: Vipashyin, der Buddha eines früheren Weltzeitalters, kam zu diesem See und warf einen Lotossamen ins Wasser. Eine Pflanze mit zehntausend goldenen Blütenblättern wuchs empor und aus ihrer Mitte züngelte eine magische Flamme, eine spontane Manifestation des Ur-Buddha. In Sanskrit werden solche Erscheinungen *swayambhu* genannt, »von selbst entstanden«. Viele Jahre später betrachtete der große Bodhisattva Manjushri dieses Wunder. Er stand auf einem Hügel im Gewässer und brach eine Schlucht in die Bergketten, damit das Wasser abfließen konnte. In der Ebene zwischen dem Hügel, auf dem er stand, und Guyeshvar, wo der Lotos Wurzeln geschlagen hatte, baute Manjushri eine Stadt, auf seinem Hügel aber, dort, wo später das Heiligtum von Swayambhunath errichtet wurde, pflanzte er einen blau leuchtenden Lotos.

**Der heilige Ort war schon in vorgeschichtlicher Zeit ein Kultplatz**. Die älteste im gegenwärtigen Tempelbezirk gefundene Inschrift stammt aber erst aus dem 5. Jahrhundert n. Chr. und erwähnt die Gründung eines buddhistischen Klosters, zu dem wohl auch der berühmte Stupa gehörte. Dass der damals schon so aussah wie heute, ist unwahrscheinlich. Die 13 übereinandergeschichteten vergoldeten Bronzescheiben an der Spitze gehen wohl eher auf Baumaßnahmen ab dem 12. Jahrhundert zurück.

Obwohl der Stupa von Swayambhunath ein ausdrücklich buddhistisches Symbol ist, gilt das Hügelheiligtum bis heute als Ort religiöser Toleranz, denn auch Tempel und heilige Stätten des Hinduismus befinden sich auf dem Hügel und in seiner unmittelbaren Nähe. Auch kümmerten sich die nepalesischen Könige, die gemäß der Legende Hindu-Gottheiten verkörpern, um den Erhalt des Stupa, so beispielsweise, als im 14. Jahrhundert muslimische Soldaten den Stupa aufbrachen und niederbrannten. Die Bedeutung von Swayambhunath strahlte aber auch über die Grenzen Nepals hinaus. So beteiligte sich die Regierung der Dalai Lamas in Lhasa wiederholt an den Kosten für die Instandhaltung und Renovierung des Stupa und entsandte Lamas, um die Bauarbeiten zu überwachen. Kein Wunder, hatte der 7. Dalai Lama doch im 18. Jahrhundert gesagt, der Phakpa Shinkun, wie die Tibeter diesen Stupa nennen, sei die Quelle allen Glücks in der Welt.

**Heute steigen hinduistische und buddhistische Pilger einträchtig die lange Treppe im Osten des Heiligtums hinauf,** an deren Fuß Steinplatten, welche die Fußabdrücke Buddhas zeigen, verehrt werden. Wem es gelingt, die aufdringlichen Affen, die an der Treppe auf Leckerbissen lauern, abzuschütteln, den erwartet am Ende des Aufstiegs ein riesiger, auf trommelförmigem Sockel ruhender Vajra. Er gilt im Hinduismus als Donnerkeil des Gottes Indra, im tantrischen Buddhismus hingegen als Symbol des Unzerstörbaren, der Einheit von Leerheit und Gewahr-

Von links: Tibetisch-buddhistische Novizen entzünden Butterlampen in Bodnath. | Das Rad der Lehre, flankiert von Gazellen, erinnert an Buddhas erste Predigt. | Die Augen des Buddha am Stupa-Aufbau von Bodnath | Ein Pilger umrundet den Stupa von Bodnath mit Niederwerfungen.

sein als innerstem Wesen aller Erscheinungen und des Geistes. Er wird flankiert von zwei turmförmigen Shikhara-Tempeln, die tantrischen Gottheiten geweiht sind. Zusammen mit dem großen Stupa prägen diese schon von Ferne das Bild des Hügelheiligtums und machen es zu einem Wahrzeichen des Kathmand-Tales. Der Stupa selbst ist das hoch aufragende Zentrum der Kultstätte. In seine Basis sind Gebetsmühlen eingelassen, die von Pilgern in ständiger Bewegung gehalten werden. Hoch über ihnen blicken die Augen des Buddha in die Ferne der vier Himmelsrichtungen. Ein Punkt zwischen den Augenbrauen markiert das dritte, das spirituelle Auge Buddhas, die Form seiner Nase hingegen entspricht der nepalesischen Ziffer *ek* – »eins«, welche »Einheit« symbolisiert. Rings um den Stupa findet man eine Vielzahl kleinerer Votivstupas und Tempelchen, in denen neben den fünf Dhyani-Buddhas auch hinduistische Gottheiten verehrt werden.

Auch ein buddhistisches Kloster gehört zum inneren Bereich von Swayambhunath, etwas abseits hingegen liegt Shantipur, das Zentrum eines antiken Regenkultes. Dementsprechend bunt gemischt sind die Besucher des Hügels. Buddhistische Mönche und Pilger, Hindus, die an den kleinen Tempeln und Schreinen ihre Pujas abhalten und hin und wieder auch die auffallenden Sadhus, hinduistischen Wanderheiligen, die auf ihren Reisen durch Indien und Nepal alle am Weg liegenden heiligen Orte aufsuchen. Nicht zu vergessen die Touristenscharen, für die Swayambhunath einen Höhepunkt ihres Besichtigungsprogramms darstellt.

**Die alles sehenden Augen des Buddha zieren auch den Stupa von Bodnath,** den anderen großen und nicht weniger berühmten Stupa des Kathmandu-Tales. Doch anders als Swayambhunath hat dieser Stupa nur für tibetische Buddhisten spirituelle Bedeutung. Er entstand vermutlich im 6. oder 7. Jahrhundert am Handelsweg zwischen Nepal und Tibet und soll Reliquien des Vorzeit-Buddha Kashyapa enthalten oder aber Grabmal eines hohen tibetischen Lamas sein. Die Legende allerdings berichtet eine andere Geschichte: Vor langer Zeit herrschte eine schreckliche Dürre im Kathmandu-Tal. Der König empfand tiefes Mitleid mit seinem Volk und beschloss, sich selbst den Göttern zu opfern. Er befahl seinem Sohn Manadeva, in der nächsten mondlosen Nacht an einen bestimmten Ort zu gehen. Dort würde er eine verschleierte Gestalt am Boden liegend erblicken. Diesen leblosen Körper solle er mit dem Schwert enthaupten. Der Prinz gehorchte, erkannte dann aber mit Entsetzen das blutige Haupt seines Vaters. Wie durch ein Wunder rollte es davon bis zum Heiligtum von Sankhu, dessen Haupttempel einer Muttergottheit geweiht war. Der Prinz folgte dem Haupt seines Vaters, und die Göttin sprach zu ihm, er solle zur Buße einen großen Stupa erbauen lassen, was der Prinz später auch tat. In anderen Überlieferungen ist tatsächlich König Manadeva I. als Stifter des

Stupas von Bodnath genannt. Alte Fotos zeigen den Stupa von Bodnath frei inmitten von Feldern aufragend, umgeben nur von einem schmalen Ring von Gebäuden. Heute hat sich das gründlich geändert. Die verkehrsreiche Hauptstraße, von der aus man den Stupa durch eine enge Gasse erreicht, ist die moderne Entsprechung jenes alten Handelsweges zwischen Tibet und Nepal und rings um den Stupa sorgen heute Souvenirläden, Restaurants und Internet-Cafés für Volksfeststimmung. Tibetische Mönche und Laien umrunden den Stupa und drehen die in 147 Nischen an der Stupabasis angebrachten Gebetsmühlen. Ein begehbarer mandalaförmiger Unterbau trägt die monumentale Kuppel mit ihrem turmförmigen Aufsatz. Vor Festtagen werden Kübel mit safrangelber Farbe schwungvoll über die weiße Kuppel gegossen, um die typischen Girlandenmuster zu erzeugen. Und wenn die nepalesische Regierung es in ihrer Rücksicht auf China und das tibetische Flüchtlingsproblem gestattet, wird der Stupa an Losar, dem tibetischen Neujahrsfest, mit Abertausenden brennender Butterlampen feierlich erleuchtet.

**Doch auch im normalen Jahreslauf ist nirgendwo anders im Kathmandu-Tal** das Flair des tibetischen Buddhismus so intensiv zu spüren wie in Bodnath. Zahlreiche Tibeter leben hier, und in den Straßen hinter dem Stupa erklingen nicht nur die Hämmer in den Werkstätten der viel gerühmten newarischen Silber- und Bronzeschmiede, sondern auch die rituellen Musikinstrumente der tibetisch-buddhistischen Klöster. Zahlreiche hochrangige tibetische Lamas haben im Umkreis des Stupas Klöster gegründet. Auch das Kloster von Choekyi Nyima Rinpoche liegt unweit des Stupas und findet sogar Erwähnung in Reiseführern, da Choekyi Nyima sein Kloster jeden Samstag für speziell auf ausländische Besucher zugeschnittene Belehrungen öffnet, die er zumeist selbst erteilt. Daraus entwickelte sich schon vor vielen Jahren die Shedra, eine buddhistische Universität, in der Hunderte von Studenten aus Ost und West intensiv buddhistische Philosophie und Praxis studieren. Auf diese Weise lebt die spirituelle Tradition Tibets, die jahrhundertelang in dem abgeriegelten Land auf dem Dach der Welt unzugänglich für Menschen aus dem Westen bewahrt wurde und heute von den chinesischen Besatzern rigoros unterdrückt wird, in Nepal in ungebrochener Überlieferung weiter.

Auch die bedeutsamen Weltkulturerbestätten Swayambhunath und Bodnath haben durch das Erdbeben im Jahr 2015 einige Schäden davongetragen. Vorwiegend im Umfeld der Stupas wurden Tempel und Gebäude zerstört, aber auch die Aufbauten der Stupas wurden beeinträchtigt. Des Weiteren ist noch nicht ganz abzusehen, ob nicht der Haupttempel im Kloster von Choekyi Nyima Rinpoche in Bodnath komplett abgerissen und dann neu aufgebaut werden muss.

KILLER AVALANCH
THE INSIDE STORY OF THE B.C. DISAST
WHY FOURTEEN SKIERS DIE
ADVENTURE SPECIAL
THE BEST BACKCOUNTRY TRIPS IN AMERICA
+ GREAT NEW GEAR
Outside
APRIL 2003
HOT WORKOUT
THE FIREFIGHTER'S FITNESS PLAN
THE ICARUS PROJECT
A DREAM OF PERSONAL FLIGHT TAKES OFF
EUROPE'S BIG SURPRISE
THE ATLANTIC PARADISE THAT TIME FORGOT
GO IT ALONE
THE CASE FOR SOLO ADVENTU
50 YEARS ON EVERES
THE UNSUNG HEROES OF THE WORLD'S HIGHEST MOUNTAIN

Lhotse, Everest, Cho Oyu

# Im Land der Sherpas

»Die Größe der Freiheit,
der wahren Freiheit,
ihre Würde, ihre Schönheit liegen
in einem selber, wenn man
in vollkommener Ordnung lebt.
Und diese Ordnung entsteht nur
dadurch, dass wir uns selber Licht sind.«

**Jiddu Krishnamurti**

Ich möchte kurz vorwegnehmen, dass sich verschiedene Möglichkeiten anbieten, um ins Land der Sherpas zu gelangen. Da wäre der alte Anmarschweg über Jiri oder die hochalpine Variante über das Rolwaling-Tal. Aber statt eines tage- oder wochenlangen Fußmarsches habe ich mich für die direkteste und auch adrenalinreichste Verbindung entschieden. Diesmal wartet eine Twin Otter auf mich, die mich 150 Kilometer nordöstlich von Kathmandu nach Lukla fliegen soll. Frei nach dem Motto der nepalesischen Piloten »Es gibt viele Steine in den Wolken von Nepal!«, steige ich etwas beklommen in die alte, unzählbar oft übermalte Maschine ein. In der offenen Pilotenkanzel kleben Bilder der Götter Shiva und Vishnu, und ein herzförmiges hinduistisches Leuchtdisplay blinkt hektisch und grell. In einem pinkfarbenen Plastikrahmen wünscht der Guru Sathya Sai Baba eine gelungene Reinkarnation. Die Stewardess verteilt Watte für die Ohren und Bonbons für den Druckausgleich, wünscht einen guten Flug und schließt die Tür – *rien ne va plus*. Holpernd hebt die Maschine ab. Die nepalesische Twin- Otter-Absturzstatistik vom Jahr 2012 geht mir durch den Kopf, und so vertreibe ich mir die Zeit mit dem Zählen der fehlenden Nieten auf der linken Tragfläche.

Der Tenzing-Hillary-Airport von Lukla gilt als die gefährlichste Landpiste der Welt. Die nur 520 Meter lange Landebahn verläuft bergauf in einem 12-Grad-Winkel und findet sogleich an einer senkrechten Felswand ein abruptes Ende. Sie kann also nur bergwärts angeflogen werden. Alle Fans, die gerne hier starten wollen, müssen sich das Schauspiel nur umgekehrt vorstellen, denn die »Startpiste« bricht am Ende abrupt 600 Meter ab in die Tiefe des Dudh-Kosi-Tals. »Altiport« nennt man solche Flugplätze. Zum Glück gibt es davon nur wenige auf Erden, bei denen ein Landeabbruch nicht möglich ist.

Gyalzen Sherpa gehörte 1953 der Hillary-Expedition an und erreichte den South-Col auf 7925 Metern.

Die drei Glücksplatten für die Khumdu-Region: die Zwei Fische, die Lotospflanze und das Siegesbanner.

Folgende Doppelseite: Früh üben sich die Meister-Sherpakinder aus Khumjung beim Landeanflug ihrer Twin Otter.

Marmot
HARD WEAR

?

Nun also hüpfe und schwanke ich mit 15 weiteren Passagieren durch Nepals Wolkenwelt. Eine uralte Sherpani murmelt unaufhörlich das Schutzmantra *Om ha hum bensa guru pema siddhi hum* von Padmasambhava speziell für Grenzsituationen empfohlen. Eine junge Gurung-Mutter, wohl gänzlich flugunerfahren, sucht hektisch nach einem Öffner für das Fenster, das von ihrem zweijährigen Sohn schon mit Magenresten aus Reis und Linsen verziert wurde.

Ich schaue in mein Arbeitsbuch und ein Zen-Spruch lacht mir entgegen: »Aus tiefstem Herzen sage ich euch allen: Leben und Tod sind eine ernste Sache. Alle Dinge vergehen schnell, und kein Verweilen kennt der Augenblick. Darum seid achtsam und ganz gegenwärtig.« Die Wolkendecke öffnet sich, der linke Pilot dreht sich mit erhobenen Daumen zu mir um und grinst: »landing!« Wäre ich über der Provence unterwegs, würde ich sagen, dass dies der Bouleplatz von Lukla ist. Bevor ich weiter darüber sinnieren kann, setzt die Maschine krachend auf, rast den Berghang hinauf, der Gegenschub lässt die Maschine vibrieren, die Piloten drücken mit aller Kraft auf die Bremsen, sodass mir fast die Augen austreten. Kurz vor der Steilwand eine Rechtskurve, eine letzte Vollbremsung in der Parkbucht. Gelandet!!!

Zwei Tage später sitze ich mit meinem lieben Freund Tensing Sherpa im alten Bauernhaus seines 80-jährigen Großvaters Temba Sherpa in Namche Bazar. Vor sieben Jahren waren sie die Protagonisten bei unserem Drei-Generationen-Film für ARTE *Im Land der der Sherpa*, worin der weise Temba seinen achtjährigen Neffen Dorje in die Mystik der Natur und Berge einführt.

Tensing Sherpa besucht oft seinen Großvater Temba, der als Heiler praktiziert und Horoskope erstellt.

Temba, Dorje und Tensing: gemeinsame Puja auf dem Gipfel des Kalapatar mit Blick auf Everest und Lhotse

SNOW LION LODGE
Dingboche 4358 meters
Welc
To
SNOW
Lodge & Re
Dingb
4358

Tensing Sherpa ist in Chauri Kharka bei Benkar geborgen. Bis zur zehnten Klasse besuchte er die Hillary-Schule in Khumjung oberhalb von Namche Bazar. Danach wechselte er nach Kathmandu, wo er nach der zwölften Klasse Ökonomie studierte. Tensings Lebenslauf ist exemplarisch für die Visionen und das damit verbundene soziale Engagement von Sir Edmund Hillary, der sein Leben den Sherpas gewidmet hatte. In seinem Heimatdorf, genau zwischen Lukla und Namche Bazar gelegen, baute Tensing sich eine wunderschöne Lodge, die seine Frau bewirtschaftet. Seine Kinder gehen in Kathmandu zur Schule, er selber arbeitet in der Sommersaison auf einer österreichischen Berghütte als Koch. In Tensing spiegeln sich alle Eigenschaften einer sherpanischen Seele wider: Höflichkeit, Respekt, Demut, Bescheidenheit und Mut.

Nicht allein Mingma Sherpa ist in Dingboche berühmt, sondern auch der Apfelkuchen in ihrer Snow Lion Lodge.

Der Mönch Nawang: Im Kloster wie auch in der Bergwelt des Khumbu-Gebietes ist er zu Hause.

Drei Glückssymbolplatten habe ich im Gepäck. Das Symbol der Zwei Fische soll am Cho Oyu, vom jungen Mönch Nawang, hinterlegt werden, denn auf dem Weg zum Basislager passiert man sechs berühmte Seen. Die Platte der Lotospflanze steht als Symbol der größten Reinheit und für den Everest. Sie zu segnen und zu hinterlegen ist Tensings Aufgabe. Die Platte des Siegesbanners für den Lhotse ist für die Sherpani Mingma Sherpa gedacht. Tensing, Nawang und ich starten zur Hochalm Dingboche. Hier wollen wir Mingma Sherpa treffen. Sie war Teilnehmerin der ersten nepalesischen Everest-Frauenexpedition im Jahr 2000 und soll uns nach Chhukung, an die Südwand des Lhotse begleiten, um dort zuerst das vierte Glückssymbol des Siegesbanners zu hinterlegen.

Nach einer Nacht in Tengboche erreichen wir die ehemalige Sherpa-Alm Dingboche auf 4410 Meter, die mittlerweile fast ausschließlich aus Lodges besteht. Mingma Sherpa erwartet uns schon. Vor 14 Jahren hatte sie mit vier weiteren nepalesischen Frauen versucht, den Everest zu bezwingen. Sie erreichte das Camp III auf 7300 Metern, hatte aber in der Nacht einen schlechten Traum, in dem ihr der Tod begegnete. Buddhisten nehmen solche Träume sehr ernst, und somit setzte sie den Aufstieg nicht fort. Sie hat es nie bereut.

Am nächsten Tag starten wir gemeinsam zur Alm Chhukung auf 4730 Metern. Hier, unterhalb der Lhotse-Südwand, liegt die Gedenkstätte des polnischen Bergsteigers Jerzy Kukuczka. Es wundert mich immer wieder, dass ihn kaum jemand kennt, dabei war er der zweite Mensch, der alle 14 Achttausender bestiegen hat und er war einer der besten Bergsteiger seiner Zeit. Bei seiner Erstbegehung 1989 an der bis dahin undurchstiegenen Südwand des Lhotse riss Kukuczkas Seil unterhalb des Gipfels und tief in den Tod.

Es ist sternenklare Nacht, als Ming eines Ritualfeuers die vierte Platte zu E niederlegt. Die Vier: Zahl für das Weltu dische. Es ist Karfreitag um drei Uhr am wir nichts von der Tragödie am Everest

Um die Mittagszeit kehren wir nac und über das Satellitentelefon erfahre ic Lawinenunglück, das 16 Sherpas in den

Das Sherpa-Kloster von Tengboche ist das wic und religiöse Zentrum des Khumbu.

Die Gedenkstätte des amerikanische Scott Fischer »Im Tal der Gr

IN MEMORY OF
SCOTT EUGENE FISCHER
WHO DIED ON MT. EVEREST
MAY 11, 1996
HIS SPIRIT LIVES ON

»Beschäftigt mit weltlichen Dingen, denkst Du nicht an das Nahen des Todes; Geschwind aber kommt er wie Donner, der um Dich wütet und tobt.« Der große tibetische Yogi Milarepa wusste genau, wovon er sprach, als er fünf Jahre am Kailash meditierte, hungerte und fror.

Wir laufen noch am gleichen Tag weiter nach Loubuche und erreichen tags darauf das Mount-Everest-Basislager auf 5400 Metern Höhe. Ich bin schockiert über die Masse an Bergsteigerzelten, die weit verstreut im Basislager verteilt sind. Allein über 480 Bergsteiger warten hier auf den Aufstieg. Dazu kommt noch die doppelte Anzahl an Sherpas in ihren Funktionen als Bergführer, Koch, Helfer, Hochlastträger und »icefall doctor«. Das ist jene Gruppe an Sherpas, die den hochgefährlichen Western Icefall mit Aluleitern und Fixseilen für die bergsteigenden Touristen präparieren.

Alles gleicht einer kommerziellen Goldgräberstadt. Über 30 Expeditions-Agenturen kämpfen für ihre oft bunt zusammengemixten Klienten um die besten Aufstiegszeiten,

treiben ihre Sherpas in Grenzsituatio
Gipfelprämien und dem Reiz eine
16 Sherpas haben am Karfreitagmorg
als sich um 6:30 Uhr eine riesige Eis-
Lawine raste 1000 Meter senkrecht au
zu, die sich gerade im gefährlichen S
Icefalls befand und riss alle in den To

Inmitten jeder einzelnen Expedit
Sherpas einen zentralen Schrein erric
jedem Aufstieg, bitten die Götter um
ihre Gratwanderung zwischen ihren
notwendigen kommerziellen Erfolg. F
Ausdruck von Loyalität, Mut, Hilfsber
Ich spüre ihren schwierigen Spagat z
ihrer buddhistischen Identität und d
schnellen Wohlstands.

Tensing, Nawang und ich setzen
ders liebevoll angelegten Schrein nied

Glückssymbolplatte aus meinem Rucksack. »Fünf«, sage ich meinen Begleitern, »das Symbol der Lotosblume. Fünf Sinne haben wir Menschen, es sind die Sinne, die jeder herausfordert, wenn er einen Achttausender besteigt. Fünf Wundmale hatte Jesus am Kreuz. Pythagoras spricht von der Fünf als dem Mikrokosmos im Menschen. Der Mensch als Pentagramm mit ausgestreckten Armen und Beinen und Haupt kreiert den Fünfstern, ein Zeichen für Kontemplation und Geist.« »Und die fünf Farben der tibetischen Gebetsfahnen«, gibt Tensing mir zurück, »Blau für den Himmel, Weiß für den Geist, Rot für das Feuer, Grün für das Wasser und Gelb für die Erde.«

Wir beschließen, die fünfte Platte hier niederzulegen, präparieren den Schrein der Sherpas mit gesegneten Räucherstäbchen und einer Gebetsfahne aus dem Kloster Tengboche. Tensing entfacht ein kleines Feuer aus getrocknetem Wacholder. Behutsam zieht er ein altes handgedrucktes Reispapier aus einem Brokatumschlag, welches ihm sein Großvater Temba mitgegeben hatte. Es wird seit Generationen im Familienschrein aufbewahrt und stammt vom Abt des Klosters Tengboche. Darauf steht eine Widmung. Nun wirft Tensing kleine Mengen gesegneten Reises in die Luft und betet:

»Mögen alle Wesen Glück erfahren und die Ursache für Glück; mögen alle frei sein von Leid und der Ursache von Leid; mögen alle niemals getrennt sein vom höchsten Glück, das frei ist von Leid; mögen alle in Gleichmut leben, ohne all zu viel Anhaftung und allzu viel Abneigung; und mögen sie leben im Wissen um die Gleichheit von allem, was lebt.«

Einer der »icefall doctor«-Sherpas beobachtet die Bergung der Lawinenopfer am Khumbu-Eisfall der westlichen Everest-Flanke.

Fernab aller Bergromantik – das überfüllte Basislager des Mount Everest auf 5480 Metern Höhe

Wir steigen ab nach Dughla. Am nächsten Tag überqueren wir den Cho-La-Pass nach Gokyo. Hier wartet ein persönliches Anliegen auf mich: die Gedenkstätte von Reinhard Karl, der im Mai 1982 durch eine Eislawine am Cho Oyu starb. Karl war nicht nur der erste Deutsche, der im Frühjahr 1978 den Gipfel des Everest erreichte. Er war vor allem ein großer Berg-Visionär, der beispielsweise als Pionier das Freeclimbing von Amerika nach Deutschland brachte. Zudem war er einer der bedeutendsten Bergfotografen.

Was wir aber finden sind nur noch Fragmente der ehemaligen Gedenkstätte. So steigen wir zu zwei kleinen Stein-Chörten hinauf, deren Blick die Südflanke des Cho Oyu freigibt. Nawang zieht ein Bündel Gebetsfahnen aus seinem Rucksack. Sie sind bedruckt mit dem Symbol des Windpferdes. Behutsam fixiert er sie zwischen den Chörten und murmelt: »Mögen damit alle Wünsche nach Frieden, Harmonie und Glück um unseren Planeten getragen werden.«

Nawang platziert die sechste Platte schneiten Chörten. Die Sechs steht in c heit und Schöpfung, als Symbol für c göttlichen und weltlichen Prinzips. H der verschneite Cho Oyu. Nawang kı Glocke vor seiner Brust und betet. Ic Karls Worte: »Richtig oben ist man nie der Gedanken Sogyal Rinpoches: »Was getan haben, formt uns zu dem, der wi ben. Und alles, wirklich alles zählt.«

Nawang erreicht bei Sonnenaufgang die heil unterhalb der Cho-Oyu-Südwand.

Die Gedenkstätte von Reinhard Karl aus de Verfall wurde 2015 eine neue Stätte kur

REINHARD KARL
CHO OYU
19-5-82

Nyima Sherpa hat sich zur Freude seiner Eltern entschieden, nicht auf Berge zu klettern und sein Leben zu riskieren. Er betreibt das Café de 8848 in Namche Bazar, wo es den besten Café Latte, köstliche Brownies und kostenloses WLAN gibt. Ein idealer Platz, um zu relaxen.

Wenn Tashi Tser
zum Mt. Everest aufbricht, hat seine
schlaflose Nächte. Ihr 23-jähriger S
auf dem Gipfel des
ist jung verheirateter Familienvater u

2007
EVErest
Sumit

Im Kloster von Thame wird im Mai, zu Beginn der Monsunzeit, das Mani-Rimdu-Festival zelebriert. Für die Sherpas in der Khumbu-Region zählt es zu den bedeutendsten Festen. In wundervollen Brokatkleidern tanzen die Mönche des Klosters zu Ehren von Chenrezig, dem Gott der Barmherzigkeit und des Mitgefühls.

Das Mysterienspiel beginnt mit lauten
der Becken. Sie sollen die Menschen e
Illusion des Individuums. Gefolgt von einer D
heit in Verstrickung in ihrer Dasein
»Clowns«, die ihn dafür necke
den Klosterhof betreten und uns die

»Die Geburt ist nicht ein augenblickliches Ereignis,
sondern ein dauernder Vorgang.
Das Ziel des Lebens ist es, ganz geboren zu werden,
und seine Tragödie, dass die meisten von uns sterben,
bevor sie ganz geboren sind.
Zu leben bedeutet, jede Minute geboren zu werden.
Der Tod tritt ein, wenn die Geburt aufhört.«

**Erich Fromm**

»Unser ganzes Dasein ist flüchtig wie Wolken im Herbst;
Geburt und Tod der Wesen erscheinen wie Bewegung im Tanz.
Ein Leben gleicht dem Blitz am Himmel,
es rauscht vorbei wie ein Sturzbach den Berg hinab.«

**Buddha**

Mit seinen sagenumwobenen Maskentänzen lädt das Kloster Thame am Beginn der Monsunzeit zum Mani-Rimdu-Fest ein.

Totentänzer mit kleiner Menschenpuppe an einer Gummischnur, als Symbol des menschlichen Daseins

»Wenn man seine spirituelle Praxis vertieft
und den Schwerpunkt auf Mitgefühl und Weisheit setzt,
begegnet man immer wieder dem Leiden anderer empfindungsfähig
Und man entwickelt die Fähigkeit, es wahrzunehmen,
darauf zu reagieren und tiefes Mitgefühl zu verspüren
statt Apathie oder Ohnmacht.«

**Dalai Lama**

Mingma Sherpa bei ihrem Feuerritual am frühen Morgen des Karfreitag 2014

Die Glückssymbolplatte des Si
würdigen Platz an der Geden
Bergsteigers Jerz

IN MEMORIAM
RAFAŁ CHOŁDA
25.X.1985
CZESŁAW JAKIEL
15.IX.1987
JERZY KUKUCZKA
24.X.1989
SOUTH FACE HEROES

»Aus tiefstem Herzen sage ich euch allen:
Leben und Tod sind eine ernste Sache.
Alle Dinge vergehen schnell,
und kein Verweilen kennt der Augenblick.
Darum seid achtsam und ganz gegenwärtig.«

**Zen-Text**

Tensing Sherpa mit der Platte der Lotosblüte, dem Symbol der Reinheit, im Basislager des Mount Everest

Der Mönch Nawang weiht die Glückssymbolplatte der Zwei Fische am Cho Oyu.

Folgende Doppelseite: Sternennacht, nächtlicher Blick vom 5545 Meter hohen Trekkinggipfel des Kalapatar über Everest und Nuptse

## Die Sherpas im Khumbu-Gebiet

# Im Schatten des Ev

**»Und seit wann arbeitest du schon als Sherpa?«** Auch heute noch werden Fragen wie diese von unbedarften Trekkingtouristen in Nepal an ihre Reisebegleiter gestellt, denn »Sherpa« gilt manchen noch immer als Berufsbezeichnung, meist als Synonym für Lastenträger. Doch Sherpa ist der Name einer der etwa 120 ethnischen Guppen Nepals. Neben den Newars des Kathmandu-Tales sind die Sherpas die wohl bekannteste dieser Volksgruppen, siedeln sie doch im Schatten des höchsten Berges der Welt, der Chomolungma (Muttergöttin des Windes), oder, wie die Briten ihn prosaisch nach einem Kolonialbeamten nannten, des Mount Everest. Die meisten Sherpas tragen die Bezeichnung »Sherpa« stolz im eigenen Namen, was schon beim Vorstellen ihre Stammeszugehörigkeit betont. Sherpa ist ein tibetisches Wort, das so viel bedeutet wie »Mensch aus dem Osten«. Die Provinz Kham im Osten Tibets war denn auch die ursprüngliche Heimat der Sherpas. Vor über 400 Jahren machten sich die Sherpas auf die etwa 2000 Kilometer lange, beschwerliche Wanderung, die sie in ihre heutigen Siedlungsgebiete in Nepal führte. Sie brachten ihre Religion und Kultur mit sich. Noch heute sind das Khumbu und die angrenzenden Regionen ein Zentrum des tibetischen Buddhismus im eigentlich hinduistischen Nepal. Ob die Sherpas Tibet aus religiösen, wirtschaftlichen oder politischen Gründen verließen, ist nicht geklärt, doch folgten sie wohl auch einem Versprechen des »zweiten Buddha«, des »Guru Rinpoche« Padmasambhava, der im 8. Jahrhundert den Buddhismus erstmals in Tibet verwurzelte und verkündete, er werde für alle in Not geratenen Tibeter sogenannte Beyuls einrichten, sichere Zufluchtsorte.

Die Sherpas fanden ihr Beyul in den fruchtbaren Gegenden südlich des Zentralhimalaya, vor allem im Khumbu und den benachbarten Regionen Pharak und Solo. Der 5700 Meter hohe Pass Nangpa La, über den sich noch heute Tibeter vor der chinesischen Zwangsherrschaft in Sicherheit bringen, und über den auch die Sherpas einwanderten, führt mitten ins Khumbu-Gebiet, eine der landschaftlich beeindruckendsten Gegenden der Welt. Über Jahrhu eine wichtige Handelsroute zwischen die Sherpas in ihren kleinen Ansied durch den Zwischenhandel und Dier Karawanen zusätzliche Einkünfte sich sie von der Landwirtschaft. Im 19. Kartoffel im Khumbu eingeführt wor und sicherte den Lebensunterhalt de pulation sich rasch vergrößerte. Heut etwa 155 000 Sherpas, unterteilt in ve 1950 der Angriff der Chinesen auf Tib auch der Völkermord auf dem Dach de ditionelle Handelsverkehr über den Doch die Sherpas fanden schon b kommensquelle, die sie bis heute nutz mus. Die Sherpas, die selbst nie auf wären, die hohen Berge, zwischen besteigen, einfach, weil es sich nicht Sitze von Gottheiten zu erklimmen, ent gefragtesten Bergführern und – ja – au

Schon im Mai 1953 war ihnen die A Weltöffentlichkeit sicher – Tensing No Neuseeländer Edmund Hillary erstie Mount Everest. Ob es tatsächlich die Ers stets behauptet, ist nach wie vor nicht 1924 hatte der Engländer George Mallor Seite aus versucht, den Everest zu bes seinem Begleiter in einer Höhe von et schwunden. 75 Jahre später wurde Mal noch mit Tweed-Sakko bekleidete Leic ansonsten aber fast unbeschädigt v Everestgletscher freigegeben. Doch au keinen Aufschluss, ob Mallory vor sei Gipfel erreicht hatte. Hillary aber trat sturm eine wahre Lawine von Nachahm von Sherpas führen und betreuen ließe hat das derart bizarre Züge angenomm

WEL COME TO
SNOW LAND VIEW LODGE
& RESTAURANT MONGLA
Welcome to
VIEW POINT
GUEST HOUSE
&
RESTAURANT
3 min.
Mongla Altd. 3975 m.

ROYAL
Everest
Coffee
From The Himalaya, Nepal
Namchebazar, 3440 mtr

Von links: Sherpa-Frauen bei einem Tanzfest im Khumbu | Ein Sherpa vor Gebetsfahnen und der nepalesischen Nationa
Armeehubschrauber als Schaustück im Khumbu | Fenster und Tür dieser Bäckerei sind von Aufklebern völlig verdunke

zu einem Ziel des Massentourismus wurde und die Bergsteiger an den Schlüsselstellen Schlange stehen müssen. In jedem Mai, wenn die »Everest-Saison« beginnt,gibt es die kuriosen Fotos und Filmclips von langen Menschenschlangen im ewigen Eis und vom völlig überfüllten Basislager in den Medien. Und immer sind es Sherpas, die diese Expeditionen begleiten, die den Weg über den gefährlichen Khumbu-Eisfall mit Leitern und Drahtseilen sichern, die den Müll der Bergsteiger vom Berg holen und oft unter Einsatz ihres Lebens dafür sorgen, dass es auch weniger professionelle Alpinisten, die sich einfach nur aus Geltungssucht auf den Weg machen und dafür horrende Preise bezahlen, einigermaßen unbeschadet aus der Todeszone zurück ins Basislager schaffen. Nichtdestotrotz kam es immer wieder zu schweren Unfällen, bei denen auch viele Sherpas ihr Leben verloren. Eine dieser Tragödien hat Dieter Glogowski in diesem Buch erwähnt. Auch das Erdbeben von 2015 hat das Everest-Gebiet betroffen. Eine gewaltige Lawine wurde ausgelöst und raste als hochhausgroße Schneewand über das Basislager, was sogar in einem Youtube-Clip festgehalten ist.

Unter den zahlreichen Sherpas, die im Trekkinggeschäft tätig sind, gibt es vereinzelt auch bekannte Stars, wie etwa Apa Sherpa, der 21 Mal den Mount Everest bestieg, öfter als jeder andere Mensch, und der heute mit seiner Familie in den USA lebt.

**Der noch immer zunehmende Strc und Trekkern brachte vielen Sherpa lichen Aufschwung.** Fernseher, Vide andere technische Errungenschaf Khumbu selbstverständlich, auch einzige Straße gibt, kein einziges Autc Gästehäuser, Teestuben und Intern Trekkingrouten eröffnet und sogar gegründet, die Yeti Airlines. Die Kin früher oft noch stundenlange Fu Schulen bewältigen mussten, gehen aufs Internat und studieren später r lichen Ausland. Noch immer aber v Zeiten, Waren und Materialien auf d und Pferden oder von menschli beigeschafft. Die steile Flugpiste gefährlichste der Welt gilt, hat den W um viele Tagesmärsche verkürzt, doch Propellermaschinen ankommt, muss portiert werden. Man darf sich also n man beim langen Aufstieg nach »Hauptstadt« des Khumbu, wenn de sack schon beschwerlich drückt, plötz schreitenden Sherpas überholt w unfassbare Lasten auf ihren Rücken s dem noch Luft für ein fröhliches *Nama* kommt von solchen Begegnungen die

setzung von Sherpas mit Lastenträgern. Inzwischen haben die Sherpas allerdings ausgediente russische Militärhubschrauber organisiert, die das Bewegen schwerer Lasten ins Khumbu leicht machen.

Viele Sherpas sind mit ihren Familien nach Kathmandu gezogen und haben dort Trekking-Agenturen eröffnet. Wer jemals das Glück hatte, mit Sherpas in der nepalesischen Bergwelt unterwegs zu sein, ist begeistert von ihrer Zuverlässigkeit, ihrem professionellen Service, ihrer heiteren Freundlichkeit, ihrer Umsicht selbst in schwierigen Situationen, ihrem Organisationstalent und ihrem gesunden Selbstbewusstsein gegenüber ihren »reichen« ausländischen Kunden. Man muss nicht gleich den Everest oder einen anderen Gipfel in Angriff nehmen, sondern kann, geführt und betreut von Sherpas, auch völlig harmlose Wanderungen im Khumbu unternehmen, im Frühling etwa, wenn der blühende Rhododendron ganze Bergflanken in Meere von roten und rosa Blüten verwandelt oder im Spätherbst, wenn sich die Schneeberge in klarer Luft wie leuchtende Visionen vor dem Auge erheben.

**Ein Großteil des Khumbu ist seit 1976 als Sagarmatha-Nationalpark geschützt.** Dies geschah nicht zuletzt auf Betreiben des Everest-Bezwingers Edmund Hillary, der sich bis zu seinem Tod mit großem Einsatz für das Khumbu und die Sherpas engagierte, der Schulen gründete und Hilfsprojekte ankurbelte. 1979 wurde der Sagarmatha-Nationalpark in das Weltkulturerbe der UNESCO aufgenommen. Diese Auszeichnung verdankt das Khumbu aber nicht allein der majestätischen Hochgebirgslandschaft mit drei Achttausendern sowie einem der schönsten Berge der Welt, der 6814 Meter hohen Ama Dabla (in Sanskrit: »Mutter und ihre Halskette«). Besonders die Sherpas verehren sie als heiligen Berg. Sie wird gerne auch als »das Matterhorn von Nepal« bezeichnet. Auch die traditionellen Sherpadörfer und die tibetisch-buddhistischen Klöster verdienten die Aufnahme ins Weltkulturerbe. Zum Beispiel Kloster Tengboche, dem ein inkarnierter Lama vorsteht und in dem jährlich die sakralen Maskentänze aufgeführt werden. Oder Kloster Pangboche, wo in einer verstaubten Glasvitrine der Skalp eines angeblichen Yeti gezeigt wird. Auch wenn die Wissenschaft dieses Schaustück längst als Fälschung entlarvt hat, gehören die Geschichten über den Schneemenschen bis heute zum Brauchtum der Sherpas. Jedes Sherpakind kennt sie, und auch die Alten erzählen sie gerne, was nicht zuletzt Reinhold Messner dazu bewogen hat, sich selbst im Khumbu auf die Suche nach Beweisen für die Existenz des Yeti zu machen. Im Nachhinein gesehen mit geringem Erfolg allerdings. Spaßvögel haben aus dieser Mission eine weitere Yeti-Legende gestrickt: »Treffen sich zwei Yetis, und der eine sagt zum anderen: Reinhold Messner ist hier und sucht nach uns. Darauf der andere: Was, den gibt es wirklich?«

Petrol
SONY
Digital BETACAM
FUJINON

# Mein Freund Shiva Shrestha

»Denn in der Freundschaft
werden alle Gedanken, alle Wünsche,
alle Erwartungen ohne Worte geboren
und geteilt, mit Freude,
die keinen Beifall braucht.«

**Khalil Gibran**

*Fresh Limone Soda, Sir?*, ich blicke von meinem Reiseführer auf und sehe einen verschmitzt grinsenden Jungen ins Gesicht. Es war das Jahr 1984, ich saß um die Mittagszeit im Garten vom Kathmandu Guest House und bereitete mich auf meine erste Trekkingtour um die Annapurna vor. Shiva war damals 15 Jahre alt und arbeitete als Serviceboy im Garten-Restaurant. Er war eher klein, machte einen zähen und gewandten Eindruck, wirkte viel jünger mit seinen dunklen Knopfaugen und seinem Blick, in dem sich Schabernack und Neugier mischten. *Nice book, can I see?*, fragte er mich und schlich um mich herum, um einen kurzen Blick auf die Bilder zu werfen. *I come from Everest side, from small village, my parents are farmer.* Sein Finger deutete auf ein Foto mit Bauer, Pflug und Ochsen. *One more limone soda, Sir?* Er schien geschäftstüchtig und aufmerksam, grinste und flitzte in die Küche, um den Nachschub zu holen.

Zum Dinner am Abend traf ich wieder auf Shiva. Diesmal, statt in Shorts, in weißem Hemd und viel zu großer schwarzer Hose, sicherlich aus dem Fundus des Guesthouse ausgeliehen. Zusammengehalten wurde alles von einem Stück blauer Reepschnur, die er sich um die Hüfte gebunden hatte. *Sometime I will be trekking guide and see all mountains in Nepal. I like mountain very much, Sir!* Am nächsten Tag startete ich zu meiner ersten Bergwanderung in Nepal. Ich verfiel der Schönheit des Himalaya, fühlte mich angekommen in einem religiösen Gebirge, das Körper und Seele forderte. Es waren die Begegnungen mit den dort lebenden Menschen und die unvorstellbaren Naturgewalten, die mich vom ersten Augenblick an in den Bann zogen.

Oft noch dachte ich an Shiva, an seine kindliche Offenheit und seine Träume, nicht ahnend, dass ich ihn fünf Jahre später in Kathmandu wiedersehen sollte.

Shiva Shrestha bei den Dreharbeiten zur ARTE-Dokumentation »Im Land der Sherpa« im Jahr 2007

Die Platte des schützenden Schirms soll an den Makalu durch Shiva hinterlegt werden.

Folgende Doppelseite: Regenpause im Monsun (Dhaulagiri-Produktion 2013).

Jack Wolfskin

Es ist die Zeit des Spätmonsuns und Shiva und ich sind auf dem Weg zu Makalu. Shiva soll die siebte Platte hinterlegen, denn wie der schützende Schirm des siebten Glückssymbols, bemüht sich auch Shiva, Leid und Unheil von mir fernzuhalten.

Von Tumlingtar quälen wir uns in einem Jeep durch die schlammige Piste hinauf nach Khandbari. Von hier geht es zu Fuß in drei Tagen nach Seduwa. Es regnet in Strömen, die Wege verwandeln sich in tiefe, braune Rinnsale. Ich erinnere mich an meine zweite Begegnung mit Shiva.

Es war Februar 1989 und die Pionierzeit der Mountainbikes. In einer haarsträubenden Nord-Süd-Durchquerung Nepals per Geländerad durchfuhren drei Freunde und ich die Kali-Gandaki-Schlucht, überquerten das Mahabarath-Gebirge bis in das Terai an der Grenze Indiens. Zurück in Kathmandu entdeckte ich einen Straßenstand mit dem Schild »Mountain Bikes for rent«. Drei Räder standen da aneinandergekettet und ein junger Nepali war gerade dabei, einen Fahrradschlauch zu reparieren.
blickte ich in die gleichen strahlende
Jahre zuvor schon einmal gesehen hat
*Nice to see you again.* Den Abend verb
bar-Square auf den Stufen des Maju-De
gebannt von Shivas bewegender Leb
ewigen Auf und Ab an Schicksalsschläg
für so viele junge Männer Nepals stehe

Shiva wurde in dem kleinen Bau
einen Tagesmarsch von Jiri entfernt, g
Geschwister: sieben Brüder und drei S
vierten Klasse nahm ihn sein Onkel, der
sternehotel Everest arbeitete, mit nach
schaffte seinem kleinen Neffen ein
wäscher im Kathmandu Guest House
erst zwölf Jahre alt, ein aufmerksamer,
rer Bursche, kontaktfreudig und neugie
jahren stieg er zum Kellner auf.

Als 16-Jähriger wurde Shiva als Träger für eine koreanische Everest-Expedition angeheuert. Schlecht ausgerüstet und ohne Handschuhe trug er Sauerstoffflaschen bis auf 7200 Meter ins Höhenlager, wobei zwei Fingerspitzen erfroren. Mit schmerzenden Händen erreichte er das Basislager. Dort schickte man ihn ohne Bezahlung nach Hause. Nach sechs Tagen hartem Fußmarsch erreichte er die kleine Farm seiner Eltern in der Nähe von Jiri. Aber auch ihre Kräuterpasten konnten nicht mehr helfen. Eine Wochen später mussten seine Fingerspitzen in Kathmandu amputiert werden.

Anschließend lieh er sich Geld und kaufte fünf gebrauchte Mountainbikes. Zwei dieser Räder hatte er vor drei Monaten an Touristen verliehen, die sie aber nicht mehr zurückbrachten. »Einfach gestohlen! Warum tun Menschen so etwas?«, fragte er mich verwundert und fuhr fort, »meine Eltern haben mich vor einem Jahr verheiratet und meine Frau hat letzten Monat eine Tochter geboren. Wir wissen kaum, wie wir in Kathmandu überleben sollen. Und nun die gestohlenen Räder!« Für einen kurzen Moment verschwand das Leuchten aus seinen Augen.

Von nun an begleitete er mich auf all meinen Produktionen. Wir durchquerten gemeinsam die Hochwüste von Mustang, pilgerten mit Sadhus im Terai, erlebten den Sommermonsun in Gosaikunde, froren entsetzlich in Schneestürmen am Everest, schluckten Farbe bei Holifesten. Zusätzlich legte er seine Prüfung als nepalesischer Bergführer ab. Drei gemeinsame Film-Dokumentationen für die ARD und ARTE folgten.

Ab Tumlingtar kommen wir mit unserem Jeep auf der durchnässten Lehmpiste immer wieder in Grenzsituationen.

An jedem Blatt und Strauch hängen sie und warten in der Monsunzeit auf ihre Opfer: die Blutegel von Nepal.

adidas

Die ersten drei tropisch heißen Tage balancieren wir über die gefährlich glitschigen Steine, den feucht-lehmigen Boden und die ausgewaschenen Wurzeln. Immer wieder zupfen wir ausgehungerte Blutegel von unseren Schuhen und Wanderstöcken ab, wo sie sich geschickt angedockt haben. Begierig auf der Suche nach feuchtwarmer Haut schlüpfen sie unter die Gamaschen, beißen sich an unseren Beinen fest. Blutverschmiert ziehen wir sie allabendlich von unserem Körper. Unglaublich, in Deutschland soll es diese Blutsauger sogar auf Krankenschein geben. Alles eine Frage der Sichtweise, wie so oft im Leben.

Begegnung mit einer humorvollen Farmersfamilie aus dem Dorf Seduwa

Die Eltern des kleinen Mani Rai, dessen Rastalocken schon 60 Zentimerter lang sind.

In Seduwa legen wir einen Ruhetag ein. Der Regen hat uns zugesetzt. Wir legen alles zum Trocknen aus und streifen durch die fruchtbaren Felder des Rai- und Sherpadorfes. Im Dorfzentrum fällt mir ein Junge mit langen Rastalocken und Schuluniform auf, ein ungewöhnlicher Anblick unter seinen Schulfreunden mit korrektem Haarschnitt. Im Gespräch mit seinen Eltern erfahre ich, dass sie über zehn Jahre kinderlos waren. In ihrer Verzweiflung suchten sie einen alten Sadhu in der Shivahöhle oberhalb von Yangri Kharka auf. Er hatte über zwei Meter lange Rastalocken. Der heilige Mann segnete das Paar, sprach ein heilendes Mantra und schickte sie nach Hause. Neun Monate später gebar die Frau einen Sohn. Aber immer dann, wenn sie ihm die Haare geschnitten hatte, wurde er krank. So ging es über viele Jahre, bis die Eltern den alten Sadhu um Rat ersuchten. Der antwortete ihnen: »Durch meinen Segen habt ihr euren Sohn bekommen, aber um dies zu ehren, dürft ihr ihm nie die Haare schneiden.«

Ab Khongma erwartet uns eine Vier-Pässe-Barriere, die hier das Unterland vom alpinen Hochland des Makalu trennt. Wir durchstreifen unzählbare Rhododendronbüsche, passieren dicht im Nebel versteckte Mani-Mauern, stehen unverhofft vor dem verwunschenen Kalo-Pokhari-See, bevor wir die schützende Alm Dobato erreichen.

Grasende Yaks, alpine Hochweiden sowie weiße Berggipfel säumen nun unseren Weg. Yak Kharka auf 4320 Metern Höhe ist die letzte bewirtschaftete Hochalm vor dem Basislager des Makalu. Hier lebt der 76-jährige Pasang Wangchu mit seiner Frau Pasang Puti. Ihr Sohn Ningma Sherpa und ihre Tochter Lakpa Dolma haben als erstes Geschwisterpaar den Gipfel des Everest bestiegen. Das Ehepaar bewirtschaftet die Alm noch immer alleine, sie kümmern sich um 90 Yaks und 150 Ziegen. Beide wirken zufrieden und glücklich. »Wir haben zehn Kinder, alle haben es zu Wohlstand gebracht, leben in den USA oder Australien, aber wir werden immer hier bleiben, nur hier fühlen wir uns wohl«, lächelt Wangchu.

Einen Tag später schlagen wir auf einen
Makalu-Basislagers unsere Zelte auf. I
klaren Nacht hinterlegt Shiva die siebt
Achttausenders. Dreißig Jahre Freund
uns und ich erinnere mich an unsere er

»Wenn wir wirklich etwas gegen d
ausrichten wollen, müssen wir lernen, kc
selbst zu arbeiten, während wir gleichze
so nützlich wie möglich zu sein
*Philip Kapleau*

Stolz zeigt uns Pasang Wangchu Bilder, die sein
seinen Sohn auf dem Gipfel des Everest abbilde

Lebhaft flattern die Gebetsfahnen in der
Wangchu und Pasar

Eines der Hauptnahrungsmittel in Nepal ist Mais. Überall an den Decken der Wohnräume findet man ihn zum Trocknen aufgehängt. Im Herbst werden die getrockneten Schutzblätter abgezogen, der Mais vom Innenstamm getrennt, noch mal getrocknet und dann in von Wasserkraft betriebenen Mühlen zu Mehl gemahlen. Ebenso wird er auch als Futtermais für die Tierhaltung angebaut. Als eines der gehaltvollsten Getreide hat er eine ausgewogene Zusammensetzung von Kohlenhydraten, Fett, Eiweiß, Mineralien und Vitaminen.

Einsam und verstreut liegen die Hochalmen auf dem Weg vor Khongma. Neben der Volksgruppe der Sherpas leben hier auch die Volksgruppen der Rai und Lumbu. Wenn ein junger Mann eine junge Frau heiraten will, so entführt er sie für drei Tage, danach kann das Mädchen entscheiden, ob sie ihn heiraten will oder wieder nach Hause zurückkehrt.

Der 3874 Meter hohe Khongma-La-Pass ist der erste der insgesamt vier Pässe, die der Wanderer auf dem Weg zum Basislager des Makalu an einem Tag überqueren muss. Danach erreicht er das Tal des Barung Nadi – Chörten und Mani-Mauern weisen uns im Nebel den Weg. Beim Durchschreiten der Gebetsfahnen rufen wir laut nach tibetischer Tradition ein »La Gyalho« aus: »Die Götter werden siegen.«

In der Makalu-Region trifft man a
der Limbus oder auch Kirats genann
Bogen«). Die Limbus stehen, ethnisch betr
der Rai sehr nah. Beide Gruppen sind
Migranten und haben gemeinsame Tr
Wurzeln der Limbus sind ein
Sie folgen der mü
»Macht der großen Stärke«, eine schamani
die später mit dem Buddhis

»Fünf Vorsätze für den Tag:
Ich will bei der Wahrheit bleiben.
Ich will mich keiner Ungerechtigkeit beugen.
Ich will frei sein von Furcht.
Ich will keine Gewalt anwenden.
Ich will in jedem zuerst das Gute sehen.«

**Mahatma Gandhi**

»Wir sollten die Meditation sanft, aber stetig üben,
im gesamten Alltag, und uns keine Gelegenheit, kein Ereignis entgehen lassen,
um tief in die wahre Natur des Lebens zu blicken,
zu dem auch unsere tagtäglichen Probleme gehören.
Wenn wir so üben, bleiben wir mit dem Leben in enger, tiefer Verbindung.«

**Thich Nhat Hanh**

Der alte Lama Tsewang Sherpa möchte das 108-Silben-Mantra des Vajrasattva in drei Monaten 100 000-mal rezitieren.

Der Sherpa Tensing betet in tiefer Demut am Basislager des Makalu.

»Trachte nicht nach Glück.
Wenn du danach suchst,
wirst du es nie finden,
weil Suchen das Gegenteil
von Glücklichsein ist.«

**Eckart Tolle**

Shiva Shrestha bei der Niederlegung der siebten Glückssymbolplatte: dem schützenden Schirm

Folgende Doppelseite: Unsere beleuchteten Zelte in sternklarer Nacht

## Die drei Königsstädte im Kathmandu-Tal

# Weltkulturerbe in Trüm

Als der Filmregisseur Bernardo Bertolucci nach Drehorten für seinen Film *Little Buddha* Ausschau hielt, brauchte er in Nepal nicht lange zu suchen. Die alte Königsstadt Bhaktapur bot ihm eine ideale Kulisse für die Darstellung des Lebens des jungen Prinzen Siddhartha Gautama. Nirgendwo sonst war die Pracht des nepalesischen Mittelalters mit eindrucksvollen Palastfassaden und kostbarem Schnitzwerk so ursprünglich halten wie in diesem unweit von Kathmandu gelegenen historischen Ort. Bhaktapur war eine der drei Königsstädte im Kathmandu-Tal, die als Weltkulturerbestätten zum Pflichtprogamm jeder Touristengruppe zählten.

Aber wir müssen hier eine traurige Nachricht voranstellen: Ende April 2015, genau zum Redaktionsschluss dieses Buches, hat ein schweres Erdbeben der Stärke 7,8 und ein Nachbeben der Stärke 6,7 Nepal erschüttert und verheerende Schäden angerichtet. Schon wurden knapp über 9000 Tote geborgen und zahllose Menschen sind verletzt und obdachlos. Etwa 300 000 Häuser wurden vollständig zerstört, weitere 250 000 stark beschädigt. Und es steht zu befürchten, dass sich diese Zahlen deutlich erhöhen, wenn auch die Verwüstungen in den kleineren Städten und Dörfern außerhalb des Kathmandu-Tales verlässlich registriert sind. Auch die drei historischen Königsstädte wurden vom Erdbeben schwer getroffen. Von manchen berühmten Tempeln, Palästen und Pagoden sind nur Trümmerhaufen geblieben, andere wurden in ihrer Bausubstanz so stark beschädigt, dass sie vermutlich nicht renoviert werden können. Noch ist es zu früh, die Schäden in ihrem vollen Umfang zu ermessen und im einzelnen festzustellen, welche unersetzlichen Kunstschätze für immer verloren gingen. Ein indischer Experte aber äußerte bereits: »Es ist ein irreparabler Verlust für Nepal und den Rest der Welt.« Man muss also davon ausgehen, dass dieser Artikel mit seinen Fotos eine schmerzliche Rückschau auf Vergangenes ist, denn nach diesem Erdbeben wird Nepal nie mehr das sein, was es einmal war.

**Die drei Königsstädte Kahtman Patan liegen nur wenige Kilomet fernt,** sodass sich die Frage stellt, w Raum drei derart kostbare Orte ents

Die Antwort findet man in der späten nastie, die insgesamt von 1200 bis 1768 frühen Malla-Zeit hatte es im Kathma Erdbeben gegeben, bei dem ein Viertel Leben gekommen sein soll. Dana schwache Könige, unter denen das Lar Fürstentümer zersplittert war sow Kriegshorden, die Nepal überfielen un mit starken Königen ab, die wieder sta stellten, Landreformen durchführten mit seiner strikten Kastenordnung al gesellschaftliche Grundordnung durch

Auch König Yakshamalla, der im 15. J war solch ein starker König und auch herr, der die Einheit des Reiches wied Territorium in alle Himmelsrichtunger sogar mit seinen Truppen in Ind ungewöhnlich langen Regierungsz blühten auch die Künste auf, denn Yak Regierungssitz Bhaktapur mit pracht ausstatten. Gegen Ende seines Lebens bevorzugt in Kathmandu auf. Die har des Reiches von Yakshamalla jedoch ze in einem Erbstreit, als seine Söhne di unabhängigen Königreiche Kathman Patan begründeten.

Die Zeit der drei Stadtkönigreiche, di ging als späte Malla-Zeit in die Gescl wurde diese Epoche von zermürbende Königreiche untereinander. Nicht selte zwei Städte und griffen die dritte an.

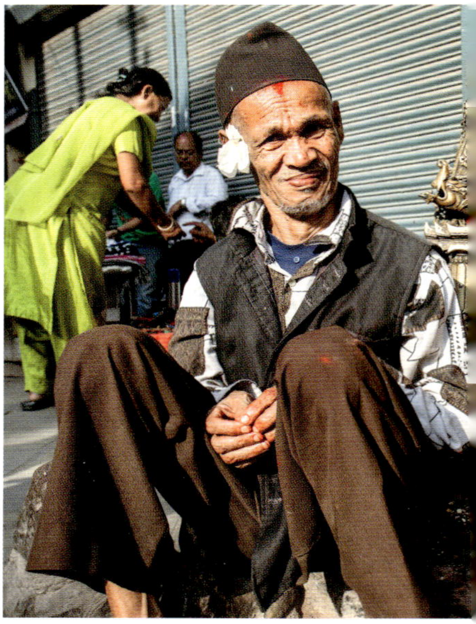

Von links: Das berühmte Pfauenfenster in Bhaktapur, ein Meisterwerk nepalesischer Holzschnitzkunst, blieb vom Erdb
sem kleinen Schrein in Kathmandu wird Ganesha verehrt. | Wagenfest in Bhaktapur | Bhaktapur wird heute auch »Stad

während solcher Kriege die engen Handelsbeziehungen zwischen den Stadtstaaten nicht ab, teilten alle drei Reiche doch die gleiche Kultur und Religion und waren ihre Einwohner nicht selten miteinander verwandt und verschwägert. So wurde zumindest nach außen hin eine gewisse Einheit gewahrt. Bei wichtigen religiösen Festen waren meist alle drei Könige anwesend und nutzten ihre Zusammentreffen auch für diplomatische Verhandlungen. Auch ein Herrscherwechsel in einem der Stadtstaaten vollzog sich stets unter Aufsicht der beiden anderen Reiche. Ein neuer König konnte nur durch seine Bruderkönige gekrönt werden.

**Die Regierungssysteme der drei nicht immer brüderlichen Bruderstaaten ähnelten sich –** der König galt dabei als göttlich, als Herabkunft des Gottes Vishnu, wurde in seinen Regierungsgeschäften aber unterstützt von der lokalen Aristokratie. Die Premierminister, die aus deren Rängen hervorgingen, spielten oft eine sehr bestimmende Rolle. Auch die anderen Minister und Beamten sowie religiöse Führer, Hofastrologen und andere gewannen zunehmend an Einfluss. Der König musste stets darauf bedacht sein, zwischen all diesen Teilhabern an der Macht und den Feudalherren, die einzelne Gebiete des Königreiches beherrschten, Balance zu halten. Der Adel war mit dem König nämlich auch durch ein komplexes Lehenssystem verbunden und stets darauf bedacht, möglichst unabhängig von c
bleiben und die eigenen Privilegien z
lich auch zu mehren.

**Die drei Reiche wetteiferten auch c
faltung in ihren Hauptstädten.** Die
Tempel und Paläste entstanden. Da
hielt in dieser späten Malla-Zeit se
Spuren der Malla-Könige sind in die
gegenwärtig. So etwa zeigt eines
Denkmäler Nepals vor dem Palast de
dramalla auf dem Durbar-Platz in P
Statue des auf einer Säule sitzenden
heiligen Königskobra in seinem Rüc
Ein anderer bedeutender König vor
narasimalla, der den Krishna-Temp
Platz erbauen und mit feinsten
Szenen aus den Epen »Mahabharat
darstellen, schmücken ließ. Auch Kör
ist als Bronzefigur vor seinem Pala
dings in Bhaktapur, wo er unter and
Nyatapola-Pagode errichten ließ. Auc
Kathmandus gab es bedeutende Män
zu einer glänzenden Kunstmetropol
Pratapamalla, der den großen Vajr
gertreppe von Swayambhunath (sie
Buddha«, Seite 106 ff.) stiftete und d

königliche Tradition es erforderte, die Hindu-Götter verehrte, sondern auch die Buddhas und Bodhisattvas des Buddhismus, der zunehmend im Kathmandu-Tal Fuß fasste. Außerdem entfaltete sich in den drei Städten das hoch entwickelte nepalesische Kunsthandwerk zur vollen Blüte. Als die drei Könige begannen, ihre Städte zu prunkvollen Regierungssitzen auszubauen, standen die traditionellen Künste Nepals in ihrem Zenit. Newarische Architekten, Steinmetze, Metallbildhauer, Holzschnitzer und Maler schufen vollendete Meisterwerke, die weltweit einzigartig sind.

Noch ist nicht geklärt, wie viel von diesen Kunstschätzen nach dem Erdbeben vom April 2015 erhalten blieb. Zwar wurde angekündigt, zerstörte historische Gebäude wieder aufzubauen, doch wird es kaum möglich sein, die reiche kunsthandwerkliche Ausgestaltung dieser Tempel und Paläste durch Skulpturen, Schnitzereien und Malereien neu zu erschaffen, zumal in einem Land, das zu den ärmsten der Welt zählt und durch das Erdbeben auch seine moderne Infrastruktur weitgehend verlor.

**Auch eine religiöse Tradition, welche in allen drei Königsstädten gepflegt wurde, hat durch die Naturkatastrophe Schaden erlitten.** In Kathmandus Altstadt wurde der Kumari Chowk, der Palasttempel der Kumari, schwer beschädigt. Die Kumari ist eine lebende Gottheit, ein kleines Mädchen, das als Inkarnation der Hindu-Göttin Taleju, mitunter sogar als Inkarnation von Durga oder Kali gilt, der bedeutendsten hinduistischen Muttergottheit. Interessanterweise wird die Kumari im Alter von zwei bis vier Jahren ausgerechnet aus einer newarisch-buddhistischen Familie erwählt. Ihre Hauptaufgabe besteht darin, einmal jährlich den jeweiligen nepalesischen König, bzw. das Regierungsoberhaupt zu segnen und seine Macht zu bestätigen. Die Kumari bleibt so lange in ihrem Palast, bis zum ersten Mal Blut aus ihrem Körper austritt, längstens also bis zu ihrer ersten Menstruation. Bis in unsere Zeit wurde die Kumari von Kathmandu einmal im Jahr, beim Indra-Jatra-Fest, auf einem prunkvollen Wagen durch die Straßen gefahren, damit auch das Volk sie verehren konnte, doch war es ebenso üblich, dass sich die Kumari in ihren prächtigen Kleidern kurz auf einem Balkon im Innenhof ihres Palastes zeigte, wenn man beim Verwalter eine angemessene Spende hinterließ.

Auch in den Königsstädten Patan und Bhaktapur gab es Kumaris, denen allerdings mehr individuelle Freiheiten zugestanden wurden als ihren Kolleginnen in Kathmandu. So waren ihnen etwa Besuche im Elternhaus und bei Verwandten gestattet.

Es bleibt abzuwarten, ob religiöse Traditionen wie diese im »neuen Nepal« nach dem Erdbeben fortgeführt werden.

# Der Sadhu Gopal Giri

»Die Größe der Freiheit,
der wahren Freiheit,
ihre Würde, ihre Schönheit liegen
in einem selber, wenn man
in vollkommener Ordnung lebt.
Und diese Ordnung entsteht nur
dadurch, dass wir uns selber Licht sind.«

**Jiddu Krishnamurti**

Pashupatinath. Morgenstimmung im Ram Mandir. Hier umarmt sie mich auf ungewöhnliche Weise, diese tiefe Stille, die in der Zeit des Sonnenaufgangs fällt. Ein warmer Tee, Bastmatte, angelehnt, die Augen geschlossen, die Sinne abgetaucht, sanftes Knistern der Feuerstelle. Atmen.

»Gott wird in der Stille geboren – in der Stille der Nacht, in der Wüste, in der Einsamkeit, in den fünf Minuten Stille, die wir uns gönnen. Dort spricht er zu uns. Nur dort kann er zu uns sprechen. Wie könnten wir ihn im Lärm unserer Gedanken, Termine und Sorgen sonst hören?«, die weise gesprochenen Worte von Willigis Jäger durchströmen mich.

Würdevolle Gelassenheit und Demut: Der Sadhu Gopal Giri lebt als Asket im Tempel Ram Mandir in Pashupatinath.

Die achte Glücksplatte mit dem Symbol des Unendlichkeitsknoten

Folgende Doppelseite: Leben nach dem traditionellen Meister-Schüler-Prinzip: der alte Guru Dharma Giri Das und sein Chella Gopal Giri

*More tea?*, Gopal Giri lächelt, mit seinem ausgestreckten Arm reicht er mir einen kleinen Plastikwegwerfbecher, randgefüllt mit heißem, zuckersüßem Milchtee. Seit fünf Jahren lebt Gopal Giri als Chella an der Seite seines Gurus Dharma Giri Das in Pashupatinath. Gemeinsam teilen sich Schüler und Lehrer einen kleinen überdachten Platz an der Innenmauer des Tempelhofs Ram Mandir. Dharma Giri Das ist 76 Jahre alt, seine Augen strahlen vor Weisheit und Mitgefühl. »Man soll weder annehme, noch besitzen, was man nicht wirklich zum Leben braucht«, und mit seiner sanften Stimme betont er: »Jeder muss seinen Frieden in sich selber finden, und soll der Friede echt sein, darf er nicht von äußeren Umständen beeinflusst sein.« Seine Worte entsprechen dem Prinzip der Ashramas, jener vier Lebensabschnitte im idealen Hinduleben: des Schülers, des Hausvaters, des Einsiedlers und nun als heimatloser Bettelmönch, dem Sannyasin. Als 20-Jähriger ging Dharma Giri Das von Nepal nach Indien und arbeitete sich schnell zum Manager einer Topffabrik hoch. Er heiratete mit 35 Jahren seine nepalesische Frau und wurde Vater von drei Töchtern, aber keinem Sohn.

Dies aber bedeutete nach dem hinduistischen Gesetz, dass er ohne einen eigenen Sohn, der das rituelle Gebet bei der Verbrennung spricht, nach seinem Tod nicht in die erlösende »Welt der Väter« gelangen kann. Ohne einen Sohn bleiben die Väter über alle zurückliegenden Generationen in der Welt der Hungergeister gefangen! Um den Kreislauf der Wiedergeburten zu unterbrechen, gibt es nur den Weg als Sadhu zu leben und damit Verdienste zu erwerben, mit denen die Welt der Hungergeister umgangen werden kann. Nachdem er als »Hausvater« seine Kinder verheiratet hatte und seine Frau sich versorgt fühlte, ging er seinen Weg als »Einsiedler« nach Pashupatinath, traf hier auf seinen Guru. Nach über 30 Jahren verstarb sein Meister und er wurde selber zum Lehrer. »Erste und höchste Pflicht eines Yogis und damit hinduistischen Asketen und Sadhus ist es, in Gedanken, Worten und Taten jegliche Verletzungen von Lebewesen, Menschen wie auch Tieren zu vermeiden!«, erklärte er mir, als wir uns zum ersten Mal sahen. So führt er ein Leben als Asket und erfreut sich
schen zu helfen. Mit Almosen, die
zustecken, verköstigt er in Pashupati
Bettler und geht in tiefer Gelasser
Gewaltlosigkeit. Würde und Demut

Als mir sein Schüler Gopal se
erzählt, laufen ihm immer noch nach
nen über das Gesicht. Er ist ein
Mensch mit großer, positiver Ausst
boren, heiratete er als junger Mann
der Hochzeit eröffnete er seiner Fr
leben möchte, wenn ihre Kinder eines
versorgt sind. »Dann werde ich dich
Antwort und er war tief berührt von i
Sita gebar ihm drei Kinder: eine Tocht
die Kinder noch klein waren, wurde
von einer Kobra gebissen. Mit letzter
einzige Krankenhaus der Umgebung,

verweigerte das Serum. Gopal sah voller Verzweiflung seine Frau sterben und konnte nicht helfen. Er ging nach Indien und arbeitete als Elektriker. Mit dem Geld finanzierte er die Ausbildung seiner Kinder. Als diese alle verheiratet waren, zog es ihn für fünf Jahre auf Pilgerreise durch Indien und Nepal, wo er Dharma Giri Das in Pashupatinath traf. Nach langen Prüfungen durch seinen Meister wurde er sein Chella, sein Schüler. Seitdem umsorgt und betreut Gopal seinen Lehrer auf liebevolle Weise. Für Gopal sind die vielen Show-Sadhus in Pashupatinath, die sich für Geld von den Touristen fotografieren lassen, ein trauriger Anblick und er betet oft für sie. Gopals Maxime ist hingebungsvolle Liebe: zu seiner Mutter, seinem Guru und allen Menschen, die ihm begegnen. So hat er seine kranke gebrechliche Mutter zu sich geholt und ein kleines Zimmer in Sichtweite organisiert, das sie sich mit zwei anderen alten Damen teilt. Hier wäscht und füttert er sie täglich, erzählt ihr Geschichten, setzt sie in die wärmende Sonne.

»Euer Alltag ist euer Tempel und eure Religion.«
*Khalil Gibran*

Ich sehe diesem außergewöhnlichen Mann ins Gesicht, sein Lachen bewegt mein Herz und ich denke an den großen Satz von Ram Krishna Das: »Wir müssen die Änderung sein, die wir in dieser Welt sehen wollen!« In zwei Tagen werden wir gemeinsam zum Bergriesen Kanchenjunga aufbrechen, dem achten und letzten Achttausender meiner Nepal-Reportage. Der Kanchenjunga liegt im äußersten Osten Nepals an der

Einmal in der Woche kommt Gopals Tochter Arati zu Besuch in den Ram Mandir. Ihr Mann ist Brahmane und sie haben zwei Töchter.

Jeden Tag kümmert sich Gopal Giri liebevoll um seine alte, kranke Mutter. Er hat ihr ein kleines Zimmer im Hof des Ram Mandir eingerichtet.

Grenze zu Sikkim. Mit seinen 8586 Metern ist der »Kanch« der dritthöchste Berg auf unserem Planeten. Mit einer Twin Otter fliegen wir nach Bhadrapur, einer Stadt im südöstlichen Terai, übernachten im Haus von Gopals Schwester. Es ist tropisch-heiß, ächzend rotiert der Ventilator durch die Nacht. Auf den Feldern tanzen Millionen von Glühwürmchen. Unsere Nacht ist kurz, um 4:30 Uhr startet der Jeep in den Norden, vorbei geht es zunächst an den berühmten Teeplantagen von Ilam, die sich weit über den Horizont erstrecken. Nach gefühlten drei Millionen Kurven und neun Stunden Fahrt erreichen wir Deurali, das Ende der Straße auf 2600 Metern Höhe. Noch zwei Stunden Fußmarsch, dann finden wir in einem kleinen Bauernhaus eine Ecke zum Schlafen. Vor uns liegt eine traumhafte Landschaft – die Ostroute zum Kanchenjunga: gigantische Wasserfälle, tropische Regenwälder, steile Pässe, Almen mit frischer Milch und getrocknetem Käse. Immer wieder queren wir Täler, führt uns der Weg in steilen Serpentinen bergauf und bergab. Nach drei Tagen erreichen wir das letzte Gurung- und Kirati-Dorf, danach treffen wir nur noch in Tagesetappen auf einsame Hochalmen von Sherpas, deren Tibeter-Clans vor 400 Jahren aus Tibet kommend den Himalaya überquerten.

Für Gopal ist es seine erste Reise in die Welt des Himalaya. Staunend steht er vor wohl 1000 Jahre alten Riesenzedern, hält Abstand von bulligen zotteligen Yaks, wundert sich über Neuschnee am Morgen und flatternde Gebetsfahnen auf steilen Passhöhen. Ich denke an Paulo Coelhos Worte: »Eine Reise ist wie eine Wiedergeburt.«

Der Kanchenjunga, im Bergsteigerjargon oft Kantsch genannt, ist der dritthöchste Berg der Erde und zugleich der am östlichsten gelegene Achttausender.

Naturgewalten pur – Gopal Giri als Mensch im Makrokosmos

Begegnungen mit Respekt und Neugier. Für viele Menschen ist Gopal Giri der erste Sadhu in ihrem Leben.

Mit dem Kanchenjunga erleben wir zusammen den achten und letzten Achttausender Nepals. Die Acht steht im spirituellen Sinn für Erneuerung, Einweihung und Wiedergeburt. Im Religiösen steht sie für die Verschmelzung der irdischen Vierzahl: Erstens dem Quadrat, mit der unendlichen himmlischen Sphäre, und zweitens dem Kreis, als Verbindung von Gott und Mensch. Im Buddhismus führt der Achtfache Pfad aus dem Samsara heraus – im Christentum ist der achte Tag der Beginn einer neuen Woche, also ein Neuanfang.

Ich betrachte Gopal. Mit seinem spirituellen Weg und seiner Lebensgeschichte spiegelt er für mich die Symbolik der achten Glückssymbolplatte. Jeden Tag lebt er die Verbindung von Gott und Mensch. Der Weg als Sadhu in seinem vierten Lebensabschnitt ist sein Neubeginn – gleicht einer Wiedergeburt.

Wir erreichen die Hochalm Ramchen auf 4560 Metern und übernachten mit zwei Almbauern und über 40 Jungtieren unter der riesigen Zeltplane eines Yaklagers. In der Nacht fegt der extremste Gewitters… Lebens über uns hinweg, in Rekordzeit … timeter Neuschnee, an der Annapurna s… Morgen 50 Menschen in Lawinen. Für u… sofortigen Rückzug! Nach zwei Tage sta… ins Sherpadorf Ghunsa, das wir nach vier … und 14 Stunden in der Nacht erschöpft … später fallen wir uns in Pangpema erleich… Basislager auf 5140 Metern ist erreicht. G… die achte geweihte Glückssymbolplatte … Kanchenjunga. Acht – Neuanfang? Ja, der…

Eine Tagesetappe der Superlative: Die Querun… nach Ghunsa bietet einen unvergesslichen Au…

Der Abt des Klosters von Phale nimmt Go… mit auf. Noch nie sah er einen Sadhu…

Im Tiefland, zwischen den Bergdörfern Tembewa und Mamankhe, finden wir immer wieder Gedenkplatten am Wegesrand. Wir sind im Land der Kiratis unterwegs, einer hinduistisch-nepalesischen Volksgruppe, die ihre Toten nicht verbrennt, sondern in Gräbern bestattet und ihnen mit einer verzierten Steinplatte huldigt.

Gopal Giri als begehrtes Fotoobjekt. In jedem Dorf wollen sich die Menschen mit ihm ablichten lassen. Er wirkt auf sie, als käme er aus einer anderen Welt. Nur einmal, so berichtet uns ein alter Sherpa aus dem Dorf Ghunsa, habe sein Großvater einen alten Sadhu auf dem Weg zum Kanchenjunga gesehen. Er kam aber nie wieder zurück, er sei wohl zum Sterben in die Berge gegangen.

In den tropischen Tälern des Kanchenjungs, sonnengeschützt im Dschungel an Bewässerungskanälen, liegen unzählige *Black Cardamom*-Plantagen. Die Wurzelknollen werden im Herbst geerntet und an die Pharmaindustrie nach Indien verkauft. Black Cardamom gilt als wichtige Heilpflanze und wird vielfältig verarbeitet, so zu Heilcreme und auch zu Spezialtee. Finanziell lohnt sich der Anbau für die Bewohner der Kanchenjunga-Region sehr und verhilft vielen Bauern zu einem guten wirtschaftlichen Aufschwung.

Die Mini-Chilischoten aus der Kanchenjunga-Region sind in ganz Nepal für ihre extreme Schärfe bekannt. Ein unbedachter Biss hat schon so manchem unwissenden Reisenden den restlichen Tag »verbrannt«. Das schelmische Grinsen der Bäuerin spricht Bände.

»Gott wird in der Stille geboren – in der Stille der Nacht, in der Wüste, in der Einsamkeit, in den fünf Minuten Stille, die wir uns gönnen. Dort spricht er zu uns. Nur dort kann er zu uns sprechen. Wie könnten wir ihn im Lärm unserer Gedanken, Termine und Sorgen sonst hören?«

**Willigis Jäger**

»Durch Vertrauen in sich selbst und in die eigenen Fähigkeiten stellt sich der Glaube ein, den wir brauchen, um Güte, Freundlichkeit, Mitgefühl und uneigennützige Liebe zu entwickeln. Glaube und Vertrauen sind unverzichtbar, wenn es um das Wachstum unserer positiven menschlichen Eigenschaften geht. Sie bilden den fruchtbaren Boden, auf dem alle Samen heranreifen, die letztendlich zu positiven Erfahrungen führen.«

**14. Dalai Lama**

Immer wieder werden wir in die Häuser eingeladen und fühlen ein zufriedenes Leben in großer Bescheidenheit.

Kurze Rast und Zeit für einen warmen Tee in einem Teehaus auf 4300 Metern Höhe

»Du kannst dich nicht selber finden,
indem du in die Vergangenheit gehst.
Du findest dich selber,
indem du in die Gegenwart kommst.«

**Eckhart Tolle**

Die feierliche Niederlegung des achten Glückssymbols am Basislager vor der Silhouette des Kanchenjunga (auch folgende Doppelseite). Der Sadhu Gopal Giri bläst sein Muschelhorn, um den Ton der heiligen Silben AUM auszuströmen. Gott Krishna blies einst ein rechtsgedrehtes Muschelhorn, um Menschen vor den Konsequenzen ihrer negativen Taten zu warnen. Lord Vishnu befreite durch den Klang des Muschelhorns die Veden von einem Bann.

## Das Terai – das »andere Nepal«

# Tiger, Nashörner und Pilger

**Wer an Nepal denkt, denkt zunächst an die Schneeriesen des Himalaya**, an die berühmten Achttausender, die drei Königsstädte mit ihren kostbaren Kunstwerken, die Bergvölker in malerischen Dörfern. Doch wem auf einer Wanderung statt des Schneemenschen Yeti ein Panzernashorn begegnet, der weiß, dass er sich im Terai befindet, dem »feuchten Land«, dem südlichen, berglosen Streifen Nepals, der eigentlich noch zur Ganges-Tiefebene gehört und mit seinem tropischen Klima, den ergiebigen Monsun-Regenfällen und den üppigen, feuchtheißen Dschungeln so gar nicht den üblichen Klischees vom »Himalayaland Nepal« entspricht. Wer die Bauern mit ihren wuchtigen Wasserbüffeln auf den weiten, von Dunst verschleierten Feldern sieht, fühlt sich eher an ein romantisches, ländliches Indien erinnert.

Und doch macht das Terai etwa 17 Prozent von Nepals Landfläche aus, und mehr als die Hälfte des landwirtschaftlich erschlossenen Bodens liegt in diesen fruchtbaren Gegenden entlang der Grenze zu Indien auf einer durchschnittlichen Höhe von nur 200 Metern über dem Meeresspiegel. Ursprünglich kaum besiedelt, beherbergt das Terai heute gut 47 Prozent der nepalesischen Bevölkerung. Alle Industrieansiedlungen außerhalb des Kathmandu-Tales befinden sich im Terai, ebenso der Mahendra-Highway, Nepals einzige Straße, die den Westen und Osten des Landes direkt verbindet. Große Städte liegen an diesem Highway, darunter die nach Kathmandu zweitgrößte Stadt Nepals, Biratnagar, doch selbst viele erfahrene Nepalreisende haben von diesen Städten noch nie etwas gehört. Auch auf vielen gängigen Landkarten sucht man sie vergebens.

**Und doch ist das Terai eine Reise wert. Das bekannteste Ziel dort ist zweifellos der Nationalpark Royal Chitwan** mit seiner außergewöhnlich reichen Tier- und Pflanzenwelt. In alten Zeiten war das Chitwan-Tal ein beliebtes Jagdrevier des nepalesischen Adels. Sogar der britische König Georg V. ging hier 1911 zusammen mit seinem Sohn und Thronfolger Edward auf Einladung des Königs von Nepal auf Tigerjagd. In nur elf Tagen schlachteten sie 39 Tiger und 18 Nashörner ab, erstaunliche Zahlen, wenn man bedenkt, dass im Jahr 1973, als der Nationalpark als Erster seiner Art in Nepal offiziell begründet wurde, nur mehr 95 Nashörner und 20 Tiger übrig waren. Die Bestände der Tiger und Nashörner haben sich seither erholt, und dazu bevölkern den Park zahlreiche andere Säugetierarten (darunter Lippenbären, Leoparden, Schakale, Axishirsche etc.), Reptilien (etwa Königskobras, Bengalwarane, Sumpfkrokodile, Gaviale etc.) und über 400 Vogelarten.

Die zahlreichen Elefanten im Park sind allerdings gezähmt und für den Einsatz bei Touristensafaris trainiert. Der morgendliche Ritt auf einem Elefanten zur Tierbeobachtung gilt als Höhepunkt eines Besuchs im Nationalpark, doch sollte man sich auch »hoch zu Elefant« nicht allzu sicher fühlen. Unbestätigten Berichten zufolge soll es schon vorgekommen sein, dass ein besonders hungriger Tiger den für ihn problemlosen Sprung hinauf zum Reitgestell auf dem Elefantenrücken wagte, um einen Touristen zu erbeuten. Allerdings kann der Elefantenritt auch viel Spaß machen, vor allem, wenn das große graue Tier in einen Fluss steigt und sich selbst und seinem Reiter eine Abkühlung verschafft. Auch Menschen vom ursprünglich dort siedelnden Stamm der Tharu leben im Park. Immer wieder sieht man Tharu-Frauen mit großen, bis zu 80 Kilogramm schweren Bündeln frisch geschnittenen Elefantengrases auf dem Rücken durch den Fluss Rapti zu ihren Heimatsiedlungen waten. Der in zahlreiche Untergruppen geteilte Volksstamm der Tharu, der im und um den Nationalpark siedelt, macht etwa 13 Prozent der nepalesischen Bevölkerung aus und gehört fast ausschließlich dem hinduistischen Glauben an. Tharu-Stämme leben allerdings auch in anderen Gegenden Nepals und sogar in Nordindien. Sie bezeichnen sich selbst als »Menschen des Waldes« und entwickelten in ihren ursprünglichen Sied-

Von links: Pilger vor dem Tempel Janaki Mandir in Janakpur | Die Lehmornamentik an Häusern ist typisch für das Terai. | Hindu-Pilger an einem der heiligen Badeseen | Mönche vor der Ashoka-Säule in Lumbini

lungsgebieten in den unzugänglichen Urwäldern der Grenzregion von Indien und Nepal eine eigenständige Kultur, aber keine eigene gemeinsame Tharu-Sprache. An das Leben im Dschungel haben sie sich so gut angepasst, dass Forscher bei ihnen sogar eine gewisse Resistenz gegen Malaria feststellen konnten.

Der 932 Quadratkilometer große Nationalpark gilt als einer der bedeutendsten Wildtierparks in ganz Asien und wurde 1984 zum UNESCO-Welterbe erklärt. Bewacht wird der Park von etwa 1000 nepalesischen Soldaten, die vor allem Wilderern das Handwerk legen sollen.

**Doch nicht nur Naturfreunde kommen im Terai auf ihre Kosten**. Auch jener Mann, der das Mitgefühl für alle Lebewesen zum Kern seiner Lehre machte, wurde im Terai geboren – Buddha Shakyamuni. Sein Geburtsort Lumbini, etwa 280 Kilometer südwestlich von Kathmandu nahe der indischen Grenze gelegen, zählt zu den vier wichtigsten heiligen Orten des Buddhismus. Schon Kaiser Ashoka, einer der bedeutendsten Förderer des frühen Buddhismus in Indien, hatte 245 v. Chr. Lumbini besucht und dort eine über sechs Meter hohe Steinsäule errichten lassen, die noch heute zu den herausragenden Sehenswürdigkeiten dieses Pilgerortes gehört. Doch als die Muslime in Nordindien herrschten, wurde Lumbini vom Dschungel überwachsen und versank in der Vergessenheit, bis es im 19. Jahrhundert von Archäologen wiederentdeckt und ausgegraben wurde. Neben den Grundmauern von Stupas und Tempelanlagen wurde ein steinernes Wasserbecken freigelegt, in dem Buddhas Mutter, Königin Maya, unmittelbar vor Buddhas Geburt ein Bad genommen haben soll. Im Inneren des Maya-Devi-Tempels markiert eine Steinplatte den genauen Ort, an dem die Entbindung stattgefunden haben soll. Das Fotografieren der Stelle, die heute von einer dicken Glasplatte abgedeckt wird, ist strengstens verboten.

Westlich von Lumbini stießen Archäologen auch auf die Reste des alten Kapilavastu, der Heimatstadt des Buddha, von der aus er seine spirituelle Suche angetreten hat, die ihn schließlich in Bodhgaya zum »Erwachen« führte. In den letzten Jahren gleicht Lumbini einer großen Baustelle, denn Buddhisten aller Schulrichtungen errichten dort Stupas, monumentale Buddha-Statuen, Tempel und Klöster, um die Bedeutung dieses Ortes für die gesamte buddhistische Welt hervorzuheben. So steht gerade der »Tempel der tausend Buddhas«, der unter Federführung von Choekyi Nyima Rinpoche erbaut wird, kurz vor seiner Vollendung. Das große Erdbeben von 2015 hat Lumbini angeblich weitgehend verschont. Die Untersuchungen von Fachleuten dauern allerdings noch an.

Ein gutes Stück weiter im Osten, nur 20 Kilometer von der indischen Grenze entfernt, liegt eine andere heilige Stadt,

die schon seit dem 16. Jahrhundert als wichtiges Pilgerziel für Hindus aus ganz Nepal und Indien gilt – Janakpur, das antike Mithila, Hauptstadt des alten Königreiches von Videha, das in vielen hinduistischen Schriften eine Rolle spielt und schon in vedischer Zeit gegründet worden sein soll. Mit seinen über 120 Tempeln hat Janakpur seinen Beinamen »Stadt der Tempel« verdient und wurde zu einem Magneten für Hindu-Pilger. Zugleich ist Janakpur die heißeste Stadt Nepals, in der im Sommer das Thermometer bis auf 40 Grad Celsius steigt und im Winter nur selten unter 10 Grad Celsius fällt.

**Die wichtigste Verbindung zur spirituellen Tradition Indiens besitzt Janakpur** durch seine Rolle in dem berühmten indischen Nationalepos »Ramayana«. Dieses berichtet, dass Sita, die spätere Gemahlin Ramas, deren Entführung und Errettung einen Hauptteil des Epos ausmacht, in Janakpur als Inkarnation der Göttin Lakshmi und Tochter des Königs Janaka geboren wurde. Ihr ist der größte und wichtigste Tempel der Stadt geweiht, der Janaki Mandir (Janaki ist ein anderer Name von Sita), der allerdings erst 1911 in dem für Nepal einmaligen Stil der Moghul-Architektur errichtet wurde. Gestiftet wurde er von der indischen Königin Brikha Bhanu Kuwari, die nach Janakpur gepilgert war, um Janaki um die Geburt eines Sohnes anzuflehen. Nachdem ihr Wunsch in Erfüllung gegangen war, spendete sie 900 000 Rupien für die Erbauung des Tempels, der deshalb manchmal auch Naulakha Mandir genannt wird, der Tempel der 900 000 Rupien. Der 1882 erbaute Rama-Tempel hingegen ist der älteste Tempel der Stadt und das Zentrum des großen Ramnavami-Festes. Es sind gerade auch Feste wie dieses oder zahlreiche andere, die sich über das ganze Jahr verteilen, die den spirituellen Rang Janakpurs ausmachen.

**Aus ganz Indien und Nepal strömen Hindu-Pilger, darunter viele Sadhus, zu diesen Festen in die Stadt.** Eines davon, das Sita Vivaha Panchami im Dezember, das die Hochzeit von Rama und Sita begeht, wird in ganz Indien gefeiert; das Zentrum der Feierlichkeiten liegt in Janakpur.

Neben den Tempeln begründen die über 200 heiligen Teiche und Brunnen, in denen Pilger rituelle Waschungen vollziehen, die spirituelle Bedeutung von Janakpur. Doch als administrative Hauptstadt des Distriktes Dhanusha hat das von knapp 100 000 Menschen bewohnte Janakpur mit seinem Flughafen, der Universität, seiner Anbindung an den Mahendra Highway sowie den Straßenverbindungen nach Nordindien auch eine wichtige Bedeutung für das moderne Nepal inne.

Im Terai verbinden sich also großartige Lanschaftszüge und ein abwechslungsreiches Tierreich, buddhistische und hinduistische Spiritualität mit dem neuen, von Technik und Fortschritt geprägten Nepal auf einzigartige Weise.

# Nachwort

# Das äußerliche Sein

»Ich habe die ganze Welt auf der Suche nach Gott durchquert und ihn nirgendwo gefunden. Als ich wieder nach Hause kam, sah ich ihn an der Türe meines Herzen stehen. Und er sprach: ›Hier warte ich auf dich seit Ewigkeiten.‹ Da bin ich mit ihm ins Haus gegangen.«

**Rumi**

»Es ist die Präsenz des Augenblicks, in dem unser Leben zählt, nicht die Vergangenheit, an der wir festklammern und anhaften, nicht die Zukunft, die wir wie Narren planen wollen. Nur im Augenblick erkennen wir uns und damit das Göttliche.« Gopal Giri deutet auf mein Amulett. »Das gleichschenklige Kreuz, in dessen Mitte wir im Augenblick der Gegenwart stehen und die unberechenbare Mitte des Steins, als Ausdruck des Göttlichen.«

Gopal bindet mir ein rotes Baumwollband ums Handgelenk, spricht ein Mantra und drückt mit seinem rechten Daumen Asche auf meine Stirn: »*Om nama Shiva* – Dein Wille wird geschehen.« Wir umarmen uns, lachen zu unseren Abschiedstränen – für beide ein sehr bewegender Moment

Krishnamurti schrieb: »Wahre Religion ist keine Frage von Dogmen, Orthodoxie und Ritualen, sie ist kein organisierter Glaube. Der organisierte Glaube tötet die Liebe und Güte. Religion ist ein Gefühl von Heiligkeit, Mitgefühl und Liebe.«

Das afrikanische Amulett mit dem gleichschenkligen Kreuz und dem Kreissymbol begleitete den Fotografen auf dieser Reportage. Folgende Doppelseite: Lingam-Kerzenzeremonie im Hanuman-Tempel in Kathmandu.

Auf dem Flug zurück nach Deutschland lese ich noch einmal *Der Alchimist* von Paulo Coelho:

»Die Entscheidungen waren nur der Anfang von etwas. Wenn man einen Entschluss gefasst hatte, dann tauchte man damit in eine gewaltige Strömung, die einen mit sich riss, zu einem Ort, den man sich bei dem Entschluss niemals hätte träumen lassen.«

Eine Woche später sitze ich zu Hause in meinem kleinen Baumhaus, vor mir der Laptop, und ich schreibe die letzten Zeilen dieses Buches. Mein Blick streift über den Garten und seine Schätze: nepalesische Wasserspeicher, ein Steinling am Teich, tibetische Gebetsfahnen flattern im Wind, ein tanzender Ganesha zwischen den Rosen, die Zen-Ecke mit dem gleichschenkligen Kreuz.

Alles wunderschöne Erinnerungen vergangener Reisen im Himalaya und gleichzeitig nur kleine Hauptgewinne aus der Trickbude des äußerlichen Seins.

Ich erinnere mich an meine Frankfurter Kindheit, als ich nach dem Schulunterricht die stillen Räumlichkeiten des Kapuzinerklosters aufsuchte, um dem Lärm der Stadt zu entfliehen. Hier fand ich Ruhe und Geborgenheit. Schon als Kind stellte sich mir die Frage nach dem Sein. Beim Betrachten der Geschichtsbücher meines Vaters fiel mein Blick immer wieder auf die Gesichter schicksalsbeladener Menschen. Da standen Juden nackt und in der Reihe vor ihren Peinigern, auf den Genickschuss wartend, rannten weinende Kinder im Napalmfeuer um ihr Leben, lynchten hysterische Menschenmassen einen Unschuldigen.

Ich suchte nach einer Antwort nach dem Wieso und Warum, und existenzielle Fragen drangen immer tiefer in meine Seele vor. Obwohl religiös geprägt von meiner evangelisch-methodistischen Erziehung, war ich entsetzt von tausendjährigen Dogmen und Machtkämpfen, welche die Kirche in Starre und Bewegungsunfähigkeit verfallen ließ. Damals las ich bei Albert Einstein, »wenn es irgendeine Religion gibt, die sich mit den Erfordernissen der modernen Wissenschaft vereinbaren lässt, dann ist es der Buddhismus.« – So machte ich mich auf den Weg und suchte nach Antworten in der östlichen Spiritualität.

Seit 32 Jahren arbeite ich nun als Fotojournalist im Himalaya. Begegnungen mit dem Dalai Lama und vielen spirituellen Meistern liegen hinter mir. Oft dachte ich in dieser Zeit an Rainer Maria Rilke, der einmal schrieb:

»Man muss den Dingen die eigene ungestörte Entwicklung lassen, die tiefst von innen kommt und nicht gedrängt oder beschleunigt werden kann. Alles ist ausgetragen – und dann geboren. Reifen wie der Baum, der seine Säfte nicht drängt und getrost den Stürmen des Frühlings widersteht. Ohne Angst, dass dahinter kein Sommer kommen könnte – er kommt doch! Aber er kommt nur zu den Geduldigen, die da sind, als ob die Ewigkeit vor ihnen läge, so sorglos, still und weit. Man muss Geduld haben gegen das Ungelöste im Herzen und versuchen, die Fragen selber lieb zu haben, wie

verschlossene Stuben und wie Bilder, die in einer fremden Sprache geschrieben sind. Es handelt sich darum, alles zu leben. Wenn man die Fragen lebt, lebt man vielleicht allmählich, ohne es zu merken, eines fremden Tages, in die Antworten hinein.«

In Tibet, Nepal, Bhutan und Ladakh war ich beeindruckt von der gelebten Spiritualität der Menschen, ihrem Glauben im Alltag. Zurück in Deutschland bemerkte ich immer wieder, wie wenig wir Menschen im Westen noch Zeit zur Kontemplation und Ruhe finden. Statt nach den Worten Khalil Gibrans – »Euer Alltag ist Euer Tempel und Eure Religion« – zu leben, bestimmen selbst auferlegte Enge und Stress und die Hetze nach materiellen Gütern unser Leben.

Vor vier Jahren kam ich mit dem Zen-Meister Willigis Jäger in Kontakt. Seine Aussage, »ein spiritueller Weg, der nicht in den Alltag führt, ist ein Irrweg«, bleibt mir stets präsent. Er verband sie mit folgender wunderbaren Geschichte:

»Ein Mann hackte Holz am Rande eines Waldes und verdiente sich damit seinen Lebensunterhalt. Als ein Einsiedler daherkam, fragte er ihn nach einem Wort für das Leben. Der Einsiedler sagte: ›Gehe tiefer in den Wald.‹ Da nahm der Mann seine Axt und ging tiefer in den Wald. Er fand schöne Bäume, fällte und verkaufte sie für gutes Geld. So wurde er wohlhabend. Eines Tages erinnerte er sich an die Worte des Einsiedlers: ›Gehe tiefer in den Wald!‹

Und so machte er sich erneut auf den Weg und fand eine Silbergrube. Er baute sie aus und wurde sehr reich. Nach Jahren aber fielen ihm erneut die Worte des Einsiedlers ein:

Pilgersandalen aus Holz mit tief ausgelaufenen Abdrücken der Zehen

Die fünf Farben der fünf Elemente einer tibetischen Gebetsfahne an der Ama Dablam

›Gehe tiefer in den Wald!‹ – Er ging und fand wunderbare Edelsteine, ein Symbol für die Erleuchtung. Er erfreute sich sehr daran, aber dann kamen ihm erneut die Worte des Einsiedlers in den Sinn: ›Gehe tiefer in den Wald!‹ Und also machte er sich nochmals auf, ging tiefer in den Wald. So kam es, dass er sich eines Morgens wieder genau an dem Waldrand fand, an dem er vor langen Jahren beim Holzschlagen den Einsiedler getroffen hatte.«

Buddha lehrte, dass wir unser eigener Meister sind und alles von uns selbst abhängt. Sogar Nelson Mandelas Kernaussage lautete nach über 30 Jahren Haft: *It's in our hands*. Und wie Buddha, sollten alle weltoffenen Religionen die Aussage unterstützen, dass wir alles für uns prüfen sollten.
Und spätestens hier sind wir bei unserer Eigenverantwortung in Bezug auf Ethik, Philosophien und Religionen angekommen. Ich erinnere mich an eine Geschichte, die Willigis Jäger mir einmal erzählte. Sie handelt von Rabbi Golem, der im Sterben lag. Sein Sohn kam zu ihm und sagte: »Vater, es wäre doch wunderbar, wenn Du jetzt vor Gott treten könntest und sagen könntest ›Ich bin Abraham!‹« Der sterbende Golem sagte zu seinem Sohn: »Gott wird mich nicht fragen: ›Warum warst Du nicht Abraham?‹, er wird mich fragen: ›Warum warst Du nicht der Golem?‹«

Kurz vor meiner Reise durch Nepals Dschungel war ich auf einem Zen- und Kontemplations-Retreat von Willigis Jäger. Ich hörte seinen Vortrag: »Viele Wege – doch nur ein Gipfel«. Willigis Jäger sprach über Transkonfessionelle Spiritualität: »Transkonfessionelle Spiritualität meint nicht eine Religion, sondern eine Religiosität jenseits der Religionen. Und diese Religiosität ist ein Grundzug unserer menschlichen Natur. Es ist uns zutiefst eigene Tendenz, uns zum

Der Sadhu Shiva Das im Hier und Jetzt

Abendliche Begegnung in Pashupatinath

Ganzen und Einen hin zu öffnen. Diese Tendenz teilen wir mit allen Lebewesen, denn sie ist die treibende Kraft der Evolution.«

**In großer Dankbarkeit** blicke ich auf die Reportagen für dieses Buch zurück. Ich durfte teilhaben am Leben der Menschen im Himalaya, ihrem Wissen, ihren Religionen und ihrem spirituellen Alltag. Dabei liegt es auf der Hand, dass alle Religionen der Welt einen gemeinsamen Überbau haben, in dem sie sich treffen. Die Mystiker haben uns hierzu Antworten gegeben.

In diesem Sinne einen ganz besonderen Dank an Willigis Jäger für sein Nachwort auf den folgenden Seiten.

So möchte ich meine Gedanken mit einem Zitat des großen Mystikers Kabir (1440–1518) beenden:

»Oh, der du Mir dienst, wo suchest du Mich?
Siehe, Ich bin bei dir. Ich bin weder im Tempel noch
in der Moschee, weder in der Kaaba noch auf dem Kailash.
Weder bin Ich in Riten und Zeremonien, noch in Yoga oder
Entsagung. Wenn Du ein wahrhaft Suchender bist,
wirst du Mich sogleich sehen, Mir begegnen
im gleichen Augenblick.«

Der kleine Dorje auf seinem Schulweg: gelebte Spiritualität im Alltag

Dreißig Jahre Freundschaft verbanden den 102-jährigen Hanuman Baba und Dieter Glogowski.

Folgende Doppelseite: Lichtritual an einem Stein-Lingam in einem der vielen kleinen Hindu-Schreine in Pashupathinath

»Die eine Wahrheit
ist die Quelle *aller* Religionen.«

**Willigis Jäger**

Bronzeskulptur von Gisela Drescher

Willigis Jäger

# Unser wahres Wesen leben

**Willigis Jäger, Zen-Meister Kyo-un Roshi und Benediktiner, ist sowohl der westlichen als auch der östlichen Spiritualität verbunden. Seine Lehre führt in eine transkonfessionelle, mystische Ebene und geht dabei über die traditionellen Vorstellungen von Religion hinaus. Zugleich bezieht seine Lehrtätigkeit neueste Erkenntnisse der Wissenschaften mit ein.**

Willigis Jäger studierte Theologie und Philosophie. Sechs Jahre verbrachte er im Zen-Zentrum von Yamada Koun Roshi, Kamakura, Japan. Er ist Zen-Meister der Sanbo-Kyodan-Linie, Japan, und 45. Nachfolger des Chan-Meisters Lin chi (japanisch: Rinzai) in China.

Er gründete das Zentrum für spirituelle Wege Benediktushof in Holzkirchen (Unterfranken), wo er lebt und vorwiegend wirkt, und ist Mitbegründer des Sonnenhofs, einer Übungsstätte für Zen und Kontemplation, im Schwarzwald. Er begründete die Willigis Jäger Stiftung West-Östliche Weisheit sowie seine eigene Kontemplationslinie »Wolke des Nichtwissens« und die Zenlinie »Leere Wolke«.
In seinen Kursen, Vorträgen und zahlreichen Publikationen weist er den Weg in eine tiefe spirituelle Erfahrung als grundlegende Quelle der Erneuerung – auf menschlicher sowie auf gesellschaftlicher Ebene.

www.west-oestliche-weisheit.de/willigis-jaeger.html

## Verschiedene Arten von spiritueller Erfahrung

In der begrifflich-bildhaften Erkenntnis projizieren wir menschliche Verstehensbilder auf eine letzte nonduale Wirklichkeit. Wenn jemand intensiv einen spirituellen Weg geht, kommt oft der Augenblick, in dem die herkömmlichen Gottesbilder und Lebensdeutungen zerbrechen. Dogmatische Aussagen erscheinen uns dann leer. Die Festigkeit der Welt scheint sich aufzulösen. Der Halt, den das Bild von einem liebenden Gottvater oder einem Bodhisattva gab, ist verschwunden. Die Heilsbringer der jeweiligen Religion, an die man sich nur anhängen brauchte, sind nicht mehr da. Alle Möglichkeiten, sich festzuhalten, existieren nicht mehr, Verlorenheit und Einsamkeit können sogar ins Bodenlose wachsen.

Dieses Erleben nennt die Mystik »die dunkle Nacht der Seele«. Es ist eine Zeit großer Unruhe und Unsicherheit, und nicht wenige machen sich auf die Suche nach einer neuen Deutung ihres Lebens.

Jedweder Religion ist eine Idolatrie inne, die schlimmer als die Anbetung von Götzenbildern ist – nämlich die »Anbetung« von Begriffen und das Heraufbeschwören von intellektuellen Gottesvorstellungen. Die meisten Religionen wissen um diese Gefahr und raten daher, sich kein Bild zu machen und jede Vorstellung von einem personalen Gegenüber zurückzulassen.

Wirklichkeit – und darunter verstehe ich das, was ein Meister Eckhart »Gottheit« nennt – ist rational nicht zu erfassen und nicht zu überblicken. Wirklichkeit ist eine Ganzheit und gleichzeitig ein Prozess, das heißt in ständiger Wandlung begriffen. Das Konzept, das wir als Wirklichkeit durchleben, ist letztlich die immerwährende Selbstentfaltung jenes universalen Prinzips, das sich in allem, was ist, entfaltet. Daher kann kein Mensch diese Wirklichkeit wie ein Objekt von außen begreifen, sondern nur von innen in einem alles umfassenden Erleben erfahren. Eine Erfahrung, die alles Verstandeswissen und alle Sinneseindrücke übersteigt, die jede Frage verstummen lässt, jeden Zweifel ausräumt. Wer das Personale übersteigt, lebt in einer ganz natürlichen, wesenhaften Verbindung mit diesem Seinsgrund. Das heißt nicht, dass man aus seiner Konfession aussteigen muss. Jedoch wird dann auch das religiöse Bekenntnis neu interpretiert.

Erst seit 120 000 Jahren soll es unsere Spezies geben – ein Wimpernschlag in einem Universum, in dem Galaxien kommen und gehen. Niemand hat uns bis dahin vermisst. Es wird uns eines Tages nicht mehr geben. Und niemand wird uns vermissen.

Die Frage nach dem Sinn ihrer Lebenszeit auf einem kleinen Planeten am Rande des Universums beunruhigt immer mehr Menschen. Wer oder was lässt da einen Tsunami über die Landschaften fegen, ein Erdbeben den Boden auftun, wer leitet Asteroiden auf ihre Bahn gen Erde, wer ist verantwortlich dafür, dass Tausende sterben? Gibt es einen Gott, der da irgendwo sitzt und diesen Kosmos regiert? Was bedeuten in diesem Zusammenhang 2000 Jahre Christentum sowie 2500 Jahre Buddhismus? Was bedeuten in diesem Zusammenhang Christus oder Buddha?

## Was ist der Sinn unserer Lebenszeit in einem zeitlosen Universum?

Auf diese Frage brauchen wir eine zeitgemäße Antwort. In unserem zeitlosen Universum ist nicht irgendwo ein Gott, der vor rund 2000 Jahren seinen Sohn gesandt hat, um uns zu belehren und zu richten. Auch unsere Auffassung von Jesus muss sich ändern. Jesus verweist Nikodemus nicht auf ein Jenseits. Er fordert ihn auf zu begreifen, wer er hier und jetzt in diesem Leben wirklich ist

Wir müssen unsere Ich-Eingrenzung überwinden. Unser Welt- und Menschenverständnis hat sich in den vergangenen Jahrhunderten so radikal verändert, dass auch religiöses Selbstverständnis einen Wandel vollziehen muss. Religionen müssen uns eine zeitgemäße Deutung unseres Lebens geben. Das ist das Ziel der Mystik und des Zen.

Der Mystiker Johannes vom Kreuz (1542–1591) bezeugt diese mystische Ebene in seinem Gedicht »Der Weg nach Hause« und schreibt: »Ich trat ein und wusst' nicht wo, und blieb auch ohne Wissen, alles Wissen übersteigend. Wo ich eintrat, wusst' ich nicht, Doch als ich mich dort gewahrte, ohne Kenntnis meiner Bleibe, hörte ich von großen Dingen. Was ich hörte, sag' ich nicht. Blieb ich doch ganz ohne Wissen, alles Wissen übersteigend.« Er spricht auch von »Leerheit«. Aber diese meint nicht leer im Sinne von »nicht erfüllt«. Er bezieht sich damit vielmehr auf eine Ebene, die sich rational nicht mehr beschreiben lässt, die alles Intel-

lektuelle und Konfessionelle sowie darüber hinausgehend alle Visionen und ekstatischen Erlebnisse übersteigt.

### Aufbruch in eine neue Dimension

Religionen haben ihre Bedeutung für die Menschen. Sie sollen aber vor allem Führer und Begleiter in die mystische Ebene sein. Sie sind vergleichbar mit den Glasfenstern einer Kathedrale. Sie besitzen ganz verschiedene Strukturen, werden aber alle von einem Licht erleuchtet.

In diesem einen Licht ist die wahre Einheit der Religionen zu finden – nicht in den Glasfenstern. Diese behalten aber ihre eigenen Formen und Aussagen. Als »Glasfenster« bekommt der zeitlose Urgrund gleichsam eine eigene Struktur und wird für den Menschen erfahrbar. Aber es ist der eine Urgrund, das eine Licht, das alle »Glasfenster« zum Leuchten bringt.

Es gibt keine Dualität zwischen Ich und unserem wahren Wesen. Alles ist ein einziges Energiefeld. Dieses Feld, wie Einstein es genannt hat, verbindet uns, ja eint uns, mit der Welt um uns.

Es scheint, dass die Zeit eines kollektiven Erwachens angebrochen ist. Wir stehen an der Schwelle eines neuen Zeitalters. Wir entdecken, dass menschliche Wesen mehr sind als diese intellektuell geprägte Gestalt.

Eine wirkliche mystische Erfahrung führt heraus aus Visionen und besonderen Zuständen. Unser wahres Wesen will gelebt werden.

Wir sind Mensch geworden, um ganz Mensch zu sein. Wir sind eine kurze Melodie in dieser Symphonie namens Leben, ein Wellenschlag in diesem zeitlosen ozeanischen Geschehen. Partnerschaft, Musik, Kunst, Poesie, Literatur und alle Möglichkeiten des Lebens sind uns für diese Feier des Lebens gegeben. Aber auch alles Leidvolle sowie das Unberechenbare gehört zu unserem Menschsein, das wir so leben, wie es ist – als diesen Moment in einem zeitlosen Universum.

Wir gehen heute also einen Schritt weiter. Nicht ein Himmel, nicht Nirwana, nicht ein Jenseits sind das Ziel, sondern das Leben im Hier und Jetzt, und zwar aus einer tieferen Erfahrungsebene.

Eine wirklich mystische Erfahrung weist den Weg aus der Egozentrik. Jeder Gedanke, jede Handlung wirkt sich auf das Ganze aus. Nur wenn es uns gelingt, diese umfassende Wirklichkeit als unser eigentliches Leben zu begreifen, werden wir damit aufhören, uns gegenseitig umzubringen.

Das Mysterium Leben findet in dieser unserer Lebenszeit statt. Wir erfahren den Seinsgrund auch beim Teetrinken, beim Arbeiten, beim Autofahren. Diese Erfahrung führt in der östlichen und in der westlichen Spiritualität über ein gegenständliches Gegenüber hinaus. Sie ist rational nicht mehr zu erfassen: »Wenn du Buddha triffst, töte Buddha« (Rinzai). Alle Lehrgebäude sind nichts als »der Finger, der auf den Mond zeigt«. Eine tiefe Erfahrung entzieht sich jeder sprachlichen Beschreibung. Sie löst sich von jeder Gottesvorstellung und versucht, uns von allem Gegenständlichen zu befreien und auf eine Ebene in den nondualen Raum zu führen. Aber dort bleiben wir nicht stehen. Wir leben diesen Seinsgrund als Alltag.

## Die Geschichte Nepals

# Gottkönige und Maoisten

Am 1. Juli 2001 war im Königspalast von Kathmandu ein Dinner im Kreis der Herrscherfamilie angesetzt. An diesem Abend sollte die Geschichte Nepals eine dramatische Wendung nehmen. Kronprinz Dipendra schenkte im Billiardzimmer Drinks an die eintreffenden Gäste aus. Dabei scheint er selbst zu viel mitbekommen zu haben, zumal er außerdem Haschisch geraucht hatte, denn er brach plötzlich zusammen. Er wurde in seine Wohnung zurückgetragen. Er übergab sich, schickte die Diener weg und rief seine Freundin Devyani an, die der Königsfamilie ein Dorn im Auge war, hatte diese doch andere Heiratspläne für den Thronfolger. Er sagte, er würde jetzt schlafen gehen. Stattdessen zog er eine Kampfuniform an und rüstete sich mit einem M-16-Sturmgewehr, einer Maschinenpistole, einem Schrotgewehr und einer Pistole aus.

Der beim Volk populäre Kronprinz hatte in England studiert und seinen Militärdienst bei der nepalesischen Armee absolviert, was ihm als »Waffennarren« offenbar Spaß machte. Unterdessen hatten sich die königliche Familie und ihre Gäste im Billiardzimmer versammelt. Der als Soldat verkleidete Dipendra trat ein und gab drei Schüsse auf seinen Vater, König Birendra, ab, bevor er das Zimmer wieder verließ. Die Gäste standen noch unter Schock, als der Kronprinz zurückkehrte und mit der Maschinenpistole auf zwei seiner Verwandten schoss, darunter sein Onkel Dhirendra, der Bruder des Königs. Noch einmal verließ er kurz den Raum, bevor er mit angelegtem Sturmgewehr erneut zurückkam, seine Schwester und einen weiteren Onkel erschoss und zwei Tanten schwer verletzte. Danach flüchtete er in Richtung seiner Gemächer. Seine Mutter, die Königin, folgte ihm. Er drehte sich um und erschoss auch sie. Er rannte in den Garten und jagte sich selbst eine Kugel in den Kopf, ohne allerdings sofort daran zu sterben. Nominell wurde er für zwei Tage König von Nepal, bevor er im Krankenhaus starb, ohne das Bewusstsein wiedererlangt zu haben. Zwar wurde sein Onkel Gyanendra Bir Bikam Shah Dev, das einzige Familienmitglied, das an diesem Abend nicht im Palast anwesend gewesen war, zum neuen König gekrönt, doch waren die wenigen Jahre, die dieser beim Volk unbeliebte Herrscher regierte, nur noch ein unbedeutendes Nachspiel der jahrhunderte-, wenn nicht jahrtausendealten Königstradition des Himalayalandes.

**Das Blutbad im Königspalast von Kathmandu** war das eigentliche Ende dieser Linie von Königen, die vom Volk als Verkörperungen des Gottes Vishnu verehrt worden waren. Dieses Unglück traf Nepal in einer schwierigen Zeit von Unruhen, Streiks, landesweitem Terror der Maoisten und Niedergang der Wirtschaft. Außerdem versuchten die Nachbarländer China und Indien, das Himalayaland, welches zu den ärmsten der Welt zählt, ihrer Einflusssphäre einzuverleiben. Ein kurzer Streifzug durch Nepals Geschichte soll die Hintergründe dieser Entwicklungen aufzeigen.

Schon in der Steinzeit siedelten Menschen im fruchtbaren Kathmandu-Tal, vermutlich bereits um 30 000 v. Chr. Die bezeugen Funde aus dieser Zeit. Später prägten Königsdynastien das Land bis in unsere Gegenwart. Die Namen früher Herrscherdynastien wie der Kirata haben sich nur in späterer Überlieferung erhalten, erst mit der aus Indien stammenden Dynastie der Licchavis beginnt etwa um das Jahr 200 n. Chr. die inschriftlich belegte Geschichte. Die Licchavis regierten Nepal etwa 550 Jahre und ihre Ära gilt als erste Blütezeit des Landes. Kunst und Kultur florierten und das Kathmandu-Tal wurde zu einem bedeutenden Umschlagplatz für Waren aus Indien, China und Tibet.

Nördlich von Nepal entstand zu dieser Zeit unter König Songtsen Gampo das erste tibetische Großreich, das sich unter seinen Nachfolgern zur stärksten Militärmacht Asiens entwickeln und selbst ein riesiges Reich wie China in die Knie zwingen sollte. Tibet mischte sich auch aktiv in die Politik Nepals ein und machte das Land tributpflichtig. Der nepalesische König sandte Songtsen Gampo sogar seine Tochter zur Gemahlin.

**In Nepal nahm der Buddhismus einen großen Aufschwung.** Waren die ersten Mönche schon in der Zeit der Kirata-Dynastie ins Land gekommen und hatten erste Klöster begründet, so unterstützten die Licchavi-Könige, obwohl sie Hindus blieben, die Buddhisten aktiv durch großzügige Spenden. Der Buddhismus drängte den Hinduismus immer mehr zurück. Sogar das Shiva-Heiligtum Pashupatinath wurde von Buddhisten übernommen. An der Wende vom 8. zum 9. Jahrhundert setzte eine Gegenbewegung und Erneuerung des Hinduismus ein, die allerdings nicht ohne Gewalt vonstatten ging. Der Hinduismus wurde nun als Staatsreligion etabliert und das Kastenwesen tief in der nepalesischen Gesellschaft verankert.

Zu dieser Zeit ging die Macht der Licchavis zu Ende und mit ihr brachen für längere Zeit auch die schriftlichen Aufzeichnungen über den Fortgang der nepalesischen Geschichte ab. So bleibt unklar, ob Nepal überhaupt noch unabhängig war oder der Oberherrschaft Tibets bzw. der indischen Pala-Dynastie unterstand. Jedenfalls saß in Nepal die Dynastie der Thakuri auf dem Thron, die vermutlich nordindischen Ursprungs war. Es war ein Thakuri-König, der die Stadt Kantipur gründete, das heutige Kathmandu. Doch die Regierung der Thakuri zersplitterte sich in kleine Herrschaftsbereiche. Im Jahr 1182 erlosch diese Dynastie. Die neuen Herrscher, die sich ab 1200 etablierten, stammten aus der Dynastie der Malla. Setzte sich am Anfang der frühen Malla-Zeit noch das Chaos der Thakuri-Ära fort, so gelang es dem in Bhaktapur residierenden Malla-König Jayasthitimalla, das zersplitterte Land zu einen und eine konsequente Hinduisierung durchzusetzen. Seine Nachfolger aber waren schwach und ließen die Einheit des Reiches zerbrechen. Erst dem König Yakshamalla gelang es, die Feudalherren, die das Land unter sich aufgeteilt hatten, erneut unter die zentrale Königsherrschaft zu bringen. Seine drei Söhne aber teilten das Reich erneut in die drei Stadtstaaten Kathmandu, Bhaktapur und Patan auf.

**Unterdessen aber war in Zentralnepal ein neues Reich entstanden.** Ein Rajputen-Geschlecht aus Indien, das vor dem Ansturm muslimischer Eroberer nach Nepal in eine bis dahin unbedeutende Region geflüchtet war, hatte ein Fürstentum begründet, das sich vor allem auf seine kleine, aber sehr kampfstarke Armee stützte. Der 1722 in Gorkha geborene Prinz Pritvinarayana Shah wurde von seinen Eltern für drei Jahre nach Bhaktapur geschickt, um seine Ausbildung zu vervollkommnen. Der Prinz nutzte diese Zeit, um die politische Situation im Kathmandu-Tal genau zu studieren, was ihm später, als er als Eroberer dorthin zurückkehrte, sehr dienlich war. 1742 bestieg er den Thron von Gorkha und zwei Jahre später griff er die drei Stadtstaaten der Malla-Könige an. Doch es dauerte noch 26 Jahre, bis er als Alleinherrscher regieren und die bis in unsere Gegenwart bestehende Shah-Dynastie begründen konnte. Diesen Köni-

gen stand der Sinn weniger nach Förderung der Künste wie den Malla-Herrschern, sie versuchten stattdessen ihr Territorium auszuweiten. 1794 verschoben sie die Ostgrenze ihres Reiches bis Sikkim und die Westgrenze bis Kaschmir. Auch Tibet wurde überfallen. China, das Einfluss in Tibet zu gewinnen suchte, schickte den Tibetern eine Armee zu Hilfe, welche die Eindringlinge zurückschlug. Auch im Süden stießen die Shah-Könige zwischen 1814 und 1816 auf einen überlegenen Gegner – die britische Ostindien-Gesellschaft, die nach Kräften Indien ausbeutete und den Subkontinent für die Kolonialherrschaft der englischen Krone reif machte. Nach heftigen militärischen Auseinandersetzungen wurde der Frieden von Segauli beschlossen, in dem die heutigen Grenzen von Nepal festgelegt wurden. Die Engländer verzichteten ausdrücklich auf eine Kolonialisierung des Himalayalandes. Doch warben sie Gorkha-Krieger als Söldner an. Diese sogenannten Gurkhas bilden bis heute eigene Einheiten in der britischen und indischen Armee.

**Nach dem Frieden von Segauli** verlor sich die Macht der nepalesischen Könige. Premierminister aus hohen Adelsfamilien nahmen nun die Staatsgeschäfte wahr. Mitte des 19. Jahrhunderts erlangte eine dieser Familien die Vorherrschaft – die Ranas. Anlass war das sogenannte Kot-Massaker. Der Liebhaber der Königin war ermordet worden, und die wütende Dame ließ alle hohen Würdenträger und Adeligen in dem Teil des Königspalastes von Kathmandu versammeln, der Kot genannt wurde. Jung Bahadur Rana, ein der Königin treu ergebener Offizier aus dem Rana-Clan, sammelte seine Soldaten im Palast und ließ die anwesenden Gäste ermorden. Am Tag nach dem Blutbad wurde Jung Bahadur Rana Premierminister. Er wusste seine Macht zu nutzen. Bald war der König nur mehr eine Marionette der Ranas. 1850 besuchte Jung Bahadur Rana England und tat sich im Folgenden als Unterstützer der britischen Kolonialpolitik in Indien hervor. Danach wandte er sich mit seinen Gurkha-Soldaten nach Norden und griff Tibet an. Diesmal kamen die Chinesen den Tibetern nicht zu Hilfe. Die nepalesischen Truppen hatten leichtes Spiel. Nepal setzte die Einrichtung einer Handelsmission in Lhasa durch. Indes erlangte Jung Bahadur Rana den erblichen Titel eines Maharadscha und war damit dem König nahezu gleichrangig. Er herrschte als Diktator über Nepal bis zu seinem Tod 1877.

**Die Ranas verhalfen ihrem Land** zu ersten Schritten in die Moderne – und sie hielten an ihrer Freundschaft mit England fest. 1903 unterstützten sie die britische Militärexpedition nach Tibet, mit der sich die Engländer Handelsrechte erzwangen. Chandra Shamsher Rana besuchte 1908 London und empfing drei Jahre später König George V. zur Tigerjagd im Terai. Dieser Rana-Ministerpräsident sorgte auch für die ersten modernen technischen Einrichtungen in Nepal – ein mit Dieselgeneratoren betriebenes Elektrizitätswerk und eine Lastenseilbahn von Indien nach Kathmandu. Von In-

dien aus wurde ein Automobil, in der damaligen Zeit das Symbol für Technik und Fortschritt, von Trägern über die Vorberge des Himalaya nach Kathmandu geschleppt. Außerdem schaffte der Ministerpräsident im Jahr 1924 die Sklaverei in Nepal ab.

In der Folge wurde Nepal ähnlich wie Tibet komplett von der Welt isoliert. Der König war als bloße Symbolfigur nur eine Geisel seiner Premierminister. Doch König Tribhuwan ließ sich das nicht länger bieten. 1950 gelang ihm die Flucht aus dem Palast in die indische Botschaft und von dort nach Delhi, von wo aus nun der Sturz der Ranas betrieben wurde. Im Folgejahr dankte der letzte Rana auf Druck Indiens ab und König Tribhuwan kehrte nach Kathmandu zurück, wo er Nepal als konstitutionelle Monarchie nach britischem Vorbild einrichtete. 1959 wurden die ersten allgemeinen Wahlen für das Parlament abgehalten.

Der Sohn und Nachfolger von König Tribhuwan, Mahendra Bir Bikram Shah, löste 1960 das Parlament wieder auf, setzte die Verfassung außer Kraft und verbot die politischen Parteien. Nach diesem Staatsstreich setzte König Mahendra eine neue Verfassung in Kraft, die das sogenannte Panchayat-System einführte, ein parteiloses Rätesystem, in dem Abgeordnete von Gemeinde- und Distriktsversammlungen in die zentrale Nationalversammlung in Kathmandu entsandt wurden. Dort bildeten sie zusammen mit Abgeordneten der Stände und vom König ernannten Repräsentanten die Regierung. Mittels Vetorecht konnte aber der König, der noch immer göttliche Verehrung genoss, seinen Willen gegen das Parlament durchsetzen.

**Mitte des 20. Jahrhunderts wurden die bis dahin streng abgeriegelten Grenzen durchlässiger für Ausländer.** Zunächst kamen Bergsteiger, angelockt vor allem vom Mount Everest, der von Edmund Hillary und Tensing Norgay Sherpa 1953 bestiegen wurde. In den 1950er-Jahren reiste der Schweizer Geologe Toni Hagen zu Forschungszwecken nach Nepal. Ihm hatte die Regierung erlaubt, sich ohne Beschränkungen im Land zu bewegen. Insgesamt legte Hagen 14 000 Kilometer zu Fuß zurück.

Ende der 1960er-Jahre kamen die Hippies aus aller Welt. Sie machten auf ihrer Indienreise Abstecher nach Kathmandu, um die vermeintlich weltbeste Haschischsorte unmittelbar vor Ort zu genießen. Cannabis gedieh üppig in Nepal und es gab keinerlei gesetzliche Verbote. Letzteres hat sich inzwischen grundlegend geändert. Innenpolitisch herrschten in jener Epoche Stagnation und Unzufriedenheit beim Volk. Es kam zu Unruhen und Protesten. Als König Mahendra 1972 starb, bestieg sein Sohn Bihendra Bir Bikram Shah den Thron. Doch alle Hoffnungen auf Reformen, auf Anhebung des sehr niedrigen Lebens- und Bildungsstandards und auf moderne Entwicklung enttäuschte er. Wieder herrschten

Stagnation, Korruption und wieder wurde das Land von Demonstrationen und Streiks erschüttert. Eine Volksabstimmung bestätigte das Panchayat-System, was aber keinen Ausweg aus der verfahrenen Lage brachte. Nepal begann im Chaos zu versinken. 1990 setzte die von Indien unterstützte Demokratiebewegung die Wiedereinführung des Mehrparteiensystems durch, was zu einer Rückkehr zur konstitutionellen Monarchie führte. In den 1990er-Jahren trat eine neue Kraft auf, die Nepal in einen Bürgerkrieg stürzte – die militanten Rebellen der maoistisch-kommunistischen Partei, deren Ziel es war, die Monarchie abzuschaffen und mit ihr auch das hinduistische Kastenwesen. Die Maoisten riefen zu Generalstreiks auf und besetzten weite Gebiete Nepals. Sie ermordeten wahllos Polizisten, Soldaten und Mitglieder anderer Parteien, zerstörten Infrastruktur und plünderten die Bevölkerung in den von ihnen beherrschten Gebieten aus. Und sie trafen gezielt die nun wichtigste Devisenquelle, den Tourismus. Nepal war zum Eldorado geworden für Trekking- und Kulturtouristen. Vor allem die Trekker bekamen die Macht der Maoisten zu spüren – noch in abgelegensten Gegenden wurden sie zur Entrichtung von Schutzgeldern gezwungen. Die Kulturtouristen im Kathmandu-Tal litten unter schweren Behinderungen durch Streiks und Massendemonstrationen. Infolgedessen brach der Nepal-Tourismus für einige Jahre fast völlig zusammen und hat sich bis heute nicht ganz erholt . Polizei und Armee gingen mit drastischen Mitteln gegen die Maoisten vor, ohne deren Macht aber brechen zu können. 2002 beherrschten die Maoisten 55 der insgesamt 75 Distrikte des Landes.

**Das Ende des Gottkönigtum.** Doch schon im Juni 2001 war es in Kathmandu zu einem Ereignis gekommen, das die wohl bedeutendste Wende in der Geschichte des Himalayalandes einleitete – die Auslöschung der Königsfamilie durch den Kronprinzen, wie am Anfang dieses Artikels beschrieben.

Der neue König Gyanendra griff bald nach der absoluten Macht. 2002 entließ er seinen Premierminister und löste das Parlament auf. Die großen Parteien verweigerten aber die Mitarbeit in der vom König ernannten Übergangsregierung. Stattdessen flammte der Bürgerkrieg mit den Maoisten wieder auf. 2006 kam es zu einem wochenlangen Generalstreik, der von den im aufgelösten Parlament vertretenen Parteien organisiert wurde. Auch der internationale Druck nahm zu. Der König beugte sich und verkündete im April 2006 die Wiedereinsetzung des Parlaments. Das Parlament ging sofort daran, den König auf rein repräsentative Aufgaben zu beschränken. Auch wurde Nepal nun zu einem säkulären Staat – der Hinduismus galt nicht länger als Staatsreligion.

**2008 schließlich wurde die Monarchie ganz abgeschafft.** Heute ist Nepal parlamentarische demokratische Bundesrepublik mit Staatspräsidenten und Premierminister.

## Fotografieren im Himalaya

Wer gerne fotografiert, sollte vor allem eines: sich Zeit nehmen! Weniger ist mehr!

Interessante und spannungsreiche Fotos entstehen in der Wechselwirkung von Licht und Schatten. Es gilt also, früh aufzustehen. Gerade die blaue Stunde vor Sonnenaufgang und nach Sonnenuntergang bietet sehr reizvolle Momente und Motive. Wer also den Sadhus in Pashupatinath beim Morgenritual der Bemalung zusehen und fotografieren will, der muss früh raus. Meine Bilder entstehen in der Wechselwirkung von Vertrauen und Offenheit. Es funktioniert nicht, einfach ungefragt loszufotografieren. Oft lege ich meine Kamera erst mal zur Seite. Kontakt mit dem Herzen aufnehmen ist angesagt, und in den Dialog gehen, Langsamkeit!

Was würde passieren, denselben Ort am nächsten Tag noch mal zu besuchen? Am zweiten Tag wird man feststellen, welche wunderbaren Kontakte man am Vortag aufgebaut hat, und das Fotografieren – immer vorausgesetzt, dass man um Zustimmung bittet – bekommt eine andere Dimension an Nähe. Meine Tipps:

- **Nah rangehen!** Dokumentieren geht nur aus der Nähe. Fernab mit dem Teleobjektiv Menschen abzulichten zeigt Distanz, der Betrachter ist nie im Geschehen.
- **Der siebte Versuch.** Wenn man sich für ein Objekt entschieden hat, sollte man es nicht bei einer Einstellung lassen. Versuchen Sie verschiedene Blickwinkel, Perspektiven, Hintergründe. Sie werden feststellen, dass vielleicht der fünfte oder siebte Versuch die beste Umsetzung war.
- **Manuell fotografieren.** Versuchen Sie sich anzugewöhnen, nicht auf Automatik zu fotografieren. Gerade in schwierigen Lichtverhältnissen entmündigt Sie die Automatik. Wenn Sie manuell einstellen, lernen Sie auch das Licht »zu lesen«.
- **Der Reflektor.** Ich habe immer einen kleinen Reflektor dabei. Durchmesser etwa 90 cm, zusammengefaltet passt er in jeden Daypack. Eine Seite sollte weiß sein, die andere Seite hat ein Grätenmuster gold/silber gemixt. Bei guter Kommunikation finden Sie immer einen »Zuschauer«, der Ihnen für die Aufnahme den Reflektor hält. Um die Mittagszeit angewendet, sitzen Ihre Protagonisten im Schatten und der Reflektor zaubert die Sonne auf das Porträt.
- **Akkus.** In jeder Lodge, die über Stromanschluss verfügt, lassen sich in Nepal Akkus aufladen. Nehmen Sie auf jeden Fall einen kompakten Vierfachstecker mit, damit die oft

einzige Steckdose nicht nur von Ihnen blockiert wird oder Sie die schon benutzte Steckdose erweitern können.
- Versuchen Sie, nicht nur aus Ihrer Augenhöhe heraus zu fotografieren. Wechseln Sie den Kamerastandpunkt, vom Bodenbereich bis über-Kopfhöhe. Das **»Göttliche Bild«** gehört zu jeder guten Reportage, dieses ist ein Foto aus großer Höhe, also von einem Hügel mit Blick aufs Objekt, von einer Leiter mitten in ein Geschehen hinein oder von einem Hausdach, das Sie sich als erhöhten Standpunkt gesucht haben.
- **Der schwarze Hintergrund.** Ich habe immer einen schwarzen Baumwollstoff dabei, um für Porträts auch mal den Hintergrund neutral zu gestalten.

## Das Tal von Kathmandu

**Kathmandu.** Pashupatinath sollte man ab 6:00 Uhr früh am Morgen besuchen. Eine wunderbare Geste wäre es, Gopal Giri (siehe Seite 165 ff.; Kanchenjunga) einige Frischmilchbeutel, ein Pfund Zucker und Tee als Gastgeschenk mitzubringen. All dies gibt es in einem kleinen Laden vor dem Eingangsbereich am Markt zu kaufen – das perfekte Geschenk für die Sadhus im Tempel Ram Mandir. Ziehen Sie immer die Schuhe aus, wenn Sie sich zu einem Sadhu auf die Bastmatte setzen wollen und fragen Sie vorher, ob es gestattet ist. Falls Sie Tee angeboten bekommen, ist er immer frisch zubereitet und wird oft in einem neuen Plastikbecher gereicht. Besser: Sie haben eine kleine Edelstahltasse dabei. Genießen Sie die morgendliche Ruhe. Und nicht gleich die Kamera zücken, im Abwarten liegt die Kunst des Fotografen!

Nur fünf Minuten von Pashupatinath entfernt, nach Verlassen des oberen Ortsendes an der Polizeistation, liegt Nepals schönstes und geschichtlich interessantestes Hotel: Das Dwarikas (459, Battisputali, www.dwarikas.com). Wirklich jeder Taxifahrer kennt es! Genießen Sie dort im idyllischen Garten einen Kaffee oder Tee nach einem Besuch von Pashupatinath. Ein einmaliges und unvergessliches Paradies erwartet Sie!

**Bhaktapur.** Nach einer Trekkingtour empfehle ich, sich für drei bis vier Tage nach Bhaktapur fernab vom hektischen Trubel Kathmandus zu entspannen. Sehr wohl fühle ich mich immer im Nyatapola Guest House. Manika, ihr Mann und ihr kleiner Sohn (Foto oben) sind gute Freunde von mir, sie haben ein altes Newarhaus eine Minute vom Töpferplatz in der Innenstadt restauriert und als kleine Lodge umgebaut. (www.nyatapolacrafts.com). Man kann hier auch gemeinsam

mit der Familie frühstücken und das Abendessen einnehmen. Das normale Eintritts-Permit für Bhaktapur beinhaltet den Aufenthalt von einer Woche vor Ort!

Gegenüber von dem Guest House wird Nepals bester Bhaktapur-Joghurt in Tonschalen verkauft. In nur fünf Minuten Entfernung kann man hinter den Mauern des Musikinstituts am Chhuping Ghat in traumhaft schöner Garten-Stupa-Landschaft entspannen.

**Sanga.** Von Bhaktapur sollte man einen Tagesausflug durch die Felder zur neu gebauten riesengroßen Shiva-Statue unternehmen, dort gibt es eine Hotelanlage mit Restaurant und ayurvedischen Angeboten.

**Patan.** Besuchen Sie den nepalesischen Bildhauer und Künstler Kaji Ratna Shakya in Lalitpur, wie Patan auch genannt wird. In seinem Atelier »Thapahiti Handicraft Center« können Sie seine Statuen bewundern, die er in traditioneller Handarbeit herstellt. Kaji und seine Söhne sind sehr weltoffene Menschen. Ein Blick hinter die Kulissen lohnt sich auf jeden Fall. Tel.: 55 262 39, falls der Taxifahrer es nicht gleich findet.

**Bodnath-Stupa.** Die beste Zeit für einen Besuch ist die Morgen- oder die Abendkora, wenn Tausende Tibeter im Uhrzeigersinn um den Stupa laufen. Ein idealer Platz für das Frühstück vor Ort ist die Dachterrasse vom Hotel Padma – sie ist gleich bei Betreten der Hauptstraße links nach ein paar Metern zu finden.

## Im Terai

**Chitwan-Nationalpark.** Zum Thema Chitwan-Nationalpark empfehle ich Kontakt mit Sher Bahadur Pariyar aufzunehmen. Sher betreibt die www.expertasiantours.com Agentur mitten in Tamel, spricht hervorragend Deutsch und kommt ursprünglich aus dem Terai. Dort, am Eingang des Nationalparks, betreibt seine Familie das Hotel Parkside (www.hotelparkside.com). Sie haben zwei eigene Elefanten, mit denen man in den Innenbereich des Parks gehen kann. Nicht weit vom Hotel Parkside liegt die Elefantenschule, deren Besuch sich ab späten Mittag lohnt. Am Morgen sollte man früh raus und sich vor dem Frühstück die Furt zeigen lassen. Dort passieren ab 6:00 Uhr unzählige Elefanten mit ihrem Führer den Fluss, um auf der gegenüberliegenden Uferseite Gras zu schneiden. Vorsicht am Morgen vor Kobras, nicht einfach selber loslaufen! Haben Sie immer einen ortskundigen Führer dabei.

Sher hat seine Wurzeln nicht vergessen und betreibt in seinem Heimatdorf diverse soziale Projekte. (Schulförderung, Bibliothek, Elefantendung-Papier-Produktion, Micro Kredit Bank, Augen-Hospital etc.) Drei Tage Chitwan Nationalpark sollte man einplanen, oder eine Kombitour von Buddhas Geburtsort Lumbini und der Stadt Janakpur. Den Rückflug empfehle ich vom kleinen Flughafen Saura aus, in 30 Minuten ist man in Kathmandu. Auch Janakpur verfügt über einen kleinen Flughafen. Flüge nach Kathmandu gehen täglich. Tipp: Nach Ankunft in Kathmandu gleich weiter nach Baktapur fahren und die Ruhe genießen. Ideal ist ein Besuch vom Chitwan-Nationalpark von Pokhara aus, wenn Sie vielleicht von der Annapurna- oder Manasluregion kommen. Sher hat sein eigenes schönes Hotel in Pokhara, von dort aus fährt sein Jeep in den Chitwanpark.

**Janakpur.** Die Hotels in Janakpur sind sehr einfach. Der bekannteste Tempel ist der Janakmandir. Auch hier gilt es, sich Zeit zu nehmen. Janakpur ist die Stadt der Sadhus, der Badeteiche und Ashrams. Das Holi-Fest im Frühjahr hier zu erleben ist ein wahres Abenteuer! Nach Janakpur sollte man auch die Twin Otter benutzen, der Flug nach KTM dauert 30 Minuten. Ein Besuch im Frauenhandwerksmuseum in Flughafennähe ist sehr lohnenswert!

**Lumbini.** Unzählige Hotels, zwei Tage Besichtigung einplanen, verweilen. Das Gelände ist riesig. Mieten Sie sich eine Rikscha mit Fahrer für einen Tag, der Sie durch das riesige Klostergelände fährt.

### Fototipp

Elefanten mal ganz privat? Am frühen Nachmittag kann man nicht weit von Shers Parkside Guest House den Elefanten beim Baden zusehen, dort gibt's auch ein kleines Café, in dem kalte Getränke serviert werden. Für ein paar Nepalesische Rupien darf man sich auch auf einen Elefanten setzen und eine Elefantendusche genießen. Unbedingt vor dem Frühstück fotografieren; wer im Terai erst ab 9:00 Uhr loszieht, hat fotografisch verloren.

## Annapurna-Region

Der Weg zum Annapurna-Basislager gehört zu einer der klassischsten Trekkingtouren in Nepal und lässt sich mit weiteren Trecks hervorragend ergänzen. Es ist sicherlich immer noch recht reizvoll, einmal zum Annapurna Basislager zu laufen. Man sollte sich nur vorher im Klaren sein, dass dieser Weg von vielen Einzel- und Gruppenreisenden begangen wird. Im März/April blühen in der Gegend von Ghorepani die bis zu 30 Meter hohen Rhododendronbäume im satten Karminrot oder leuchtendem Dunkelrosa.

Ich empfehle daher auf dem Rückweg folgende Varianten: Klassisch führt der Rückweg über Ghorepani, von dort geht es hinunter ins Tal des Kali Gandakis. Hier bietet es sich an, nach Muktinath weiterzulaufen, wobei man die Region der Thakalis entlang an den alten Karawansereien von Dana, Tukuche und Marpha durchwandert. Hier führte jahrhundertelang die bedeutendste Salzhandelsroute zwischen

Tibet und Indien entlang. Ein Ruhetag in Marpha bietet sich wegen des Klosters und der Apfelplantagen an. Von hier bis Kagbeni, dann weiter auf der Nordseite im Lower Mustang in zwei Tagen hinauf nach Muktinath. Die Dörfer Kagbeni, Jhong und Chongur sind weiterhin sehr ursprünglich und ähneln schon sehr Dörfern in Tibet. In dem Gebiet findet man auch immer wieder Fossilien, z. B. Ammoniten, die noch aus dem Thetys-Urmeer stammen.

**Tipp:** Obwohl das Dorf Tiri nördlich von Kagbeni schon in Upper Mustang liegt, darf man es trotzdem ohne das teure Sonderpermit besuchen. Vom Kloster hat man eine schöne Aussicht in die beeindruckende rötliche Sandsteinlandschaft von Mustang. Der Mönch ist zugleich auch ausgebildeter tibetischer Arzt, lassen Sie sich seine große Apotheke zeigen.

Nachdem ab 2003 mit dem Straßenbau nach Jomsom und Manang begonnen wurde, verlor das Annapurna-Gebiet stark an Reiz, und viele Trekker kürzen ihre Route mit einer Busfahrt ab. Mittlerweile wurden aber viele neue alternative Wege erschlossen (NATT = Natural Annapurna Trekking Trails), sodass man die ganze Annapurna-Runde weitestgehend abseits der Straße wandern kann. Damit zählt das Annapurna-Gebiet wieder zu einem der schönsten Trekkinggebieten. Andrées de Ruiter und Prem Rai haben in Zusammenarbeit mit ACAP diese Wege markiert, es gibt dazu extra einen Wanderführer und eine neue Wanderkarte. Mehr Informationen finden Sie auf seiner Seite www.nepal-dia.d . Hier können Sie auch einen kostenlosen monatlichen Newsletter bestellen.

Der Rückweg von Jomoson bis Pokhara ist mit dem Flugzeug oder Bus möglich.

**Tipp:** Wer einen extrem schönen Blick auf den Dhaulagiri fotografieren will, startet um 3:00 Uhr am Morgen von Muktinath nach Ranipauwa, dann weiter auf einsamem Weg nach Lupra, wo es viele Ammoniten zu finden gibt.

Wer die Runde über Ghorepani zu überlaufen findet, der kann den vergleichbaren Khopra-Danda-Trek wählen.

## Dhaulagiri

Die Umrundung des Dhaulagiri ist eines der Spitzentrekkings von Nepal. Der Weg zum Basislager und die Durchquerung des Hidden Valley erfordern hochalpine Erfahrung und gute Kondition. Unbedingt erforderlich: Ein eigenes Zelt und Verpflegung! Auf zwei Alpintouristen, rechnet man mindestens mit zwei Trägern und einem erfahrenen Guide, die auch sehr gut ausgerüstet sein müssen! Dies sollte man vor der Abreise aus Kathmandu persönlich überprüfen! Bei dieser minimalistischen Begleitmannschaft trägt man seinen Trekkingrucksack mit eigener Ausrüstung selber, nur Verpflegung, Kocher, Geschirr, Kerosin, alle Zelte etc. trägt das nepalesische Team.

Im italienischen Basislager auf 3660 Metern Höhe steht mittlerweile eine schöne Berghütte, wo man sich verpflegen kann. Ein bis zwei Ruhetage zur Akklimatisation sind hier entscheidend für den Weiterweg! Das japanische Basislager, das man nach einem Tag erreicht, ist nur eine einsame Moränenlandschaft aus Eis und Stein, also kein Haus und kein Mensch weit und breit! Im Basislager auf 4748 Metern Höhe gibt es immer wieder mal ein einfaches »Hotel«-Zelt, wo man warmes Essen ordern kann. Ab hier sollte man perfekt akklimatisiert sein!!! Wenn Expeditionen vor Ort sind, sollte man die Möglichkeit nutzen und sich vom Expeditionsarzt mal kurz den Sauerstoffsättigungswert prüfen lassen.
Nach dem Basislager erreicht man nach etwa vier Stunden den 5360 Meter hohen French-Col-Pass. Danach steigt man ab ins 5100 Meter tiefe Hidden Valley. Dort übernachtet man nach langem Weg kurz vor dem 5270 Meter hohen Dhampus-Pass. Im Hidden Valley kommt es immer wieder zu dramatischen, auch tödlichen Unfällen, wenn Nebel oder Schneefall die Sicht behindern und man den Weg verfehlt oder durch unzureichende Akklimatisation höhenkrank wird.

Nach der Überschreitung des Dhampuspasses folgt ein 2500 Meter tiefer Anstieg nach Marpha. Dort kann man sich mit frischem Appelpie und Swiss-Rösti verwöhnen lassen. In Marpha empfiehlt sich ein Besuch des Klosters, um einer Puja der Mönche beizuwohnen.

Für eine mögliche Wanderung zurück nach Pokhara hilft der neue Trekkingführer von Andrées de Ruiter, der einen naturverbundenen Weg fern der neuen Straße kreiert hat. (s. Annapurna-Tipps). Wer noch mehr Zeit und Kondition besitzt, der schließt die Annapurna-Umrundung gegen den Uhrzeigersinn an. Wahre Nepal-Triathleten könnten sich hier eine Trilogie an Achttausendern geben, indem sie den Manaslu umrunden. Für diese Trilogie benötigt man insgesamt etwa 35 Tage!

### Fototipps

Auf dieser Tour gibt es kaum eine Möglichkeit, die Kamera-Akkus aufzuladen. Eine Solaranlage könnte eine Lösung sein. Oder man entscheidet sich für vier bis fünf Extra-Akkus. Sie sollten in einem wasserdichten Ortlieb-Dokumentenbeutel verpackt nachts im Schlafsack ihren Platz finden. Tagsüber packe ich Akkus bei großer Kälte im wasserdichten Dokubeutel direkt an meinen, mit heißem Tee gefüllten, Zwei-Liter-Trinksack in den Rucksack.

## Manaslu und Makalu

In den letzten Jahren wurden die Trekkingrouten zu Manaslu und Makalu immer populärer. Sie sind eine interessante Alternative zu den überlaufenen Bergregionen des Annapurna und des Everest. Beides lässt sich nun auch ohne Zelt und eigene Verpflegung begehen! Die Unterkünfte am Mansalu sind einfach, aber sauber und bis Lho auch komfortabel. Die Lodges am Makalu sind noch sehr schlicht. Man benötigt jeweils ein Sonder-Permit, das nur über eine Agentur zu erhalten ist. Träger und Guide müssen versichert sein. Diese Regelung sollte auch für alle anderen Gebiete Nepals gelten, was leider nicht der Fall ist. Hier sehe ich sowohl in der Wahrnehmung als auch der Verantwortung des Individualtourismus Nachholbedarf.

**Manaslu.** In Khoriabesi gibt es eine Lodge, deren Zimmer aus kleinen Holzhäusern besteht. In Ghap kann ich die neu gebaute »New Budi Gandaki«-Lodge empfehlen, der Besitzer Bar Gugale ist ein genialer Koch, die Zimmer sehr sauber. Lho bietet eine Menge an komfortablen Lodges. Auf jeden Fall hier um 5:00 Uhr früh den glühenden Sonnenaufgang und perfekten Blick auf den Manaslu bewundern. Lho ist ideal für einen Ruhetag und die Besichtigung des Klosters. In Samagaon plant man am besten nochmals einen Ruhetag ein und wandert an den Gletschersee. Ab Samdo sind die Unterkünfte sehr einfach. Das Dorf und die Umgebung erinnern sehr an Tibet. Larke Bazar ist kein Dorf, nur ein Platz! Übernachten kann man nur im Dharamsala, von dort geht es am folgenden Tag auf den 5100 Meter hohen Larke-Bhanjyang-Pass.

**Makalu.** Das Trekking zum Makalu-Basislager ist im Mai ein Traumpfad durch ein regelrechtes Meer aus Rhododendronbüschen und -bäumen. Es sind wenige Wanderer unterwegs, was vielleicht am Charakter des Weges liegt. Ab Seduwa ist der Trek eine Einbahnstraße. Man benötigt für den Aufstieg ab Seduwa zum Basislager sieben bis acht Tage, den Weg zurück bewältigt man in vier Tagen ohne Probleme. Ab Seduwa gibt es dann eine zweite Variante, um nach Khandbari zu gelangen. In Kauma sollte man auf jeden Fall einen Ruhetag einlegen, danach folgt eine Vier-Pässe-Überquerung bis zur nächsten »Lodge«. In Yak Kharka auf 4300 Metern Höhe treffen wir auf die Alm des alten Ehepaares Pasang Wangchu Sherpa. Dort kann man sehr einfach in einem Lagerraum übernachten oder gesellt sich zu den beiden ans Feuer des einzigen Raums im alten Wohnhaus. Ein Ruhetag ist empfehlenswert. Im Basislager gibt es wieder vier Lodges auf ganz einfachem Niveau.

### Tipps

**Manaslu.** Es gibt unzählige Klöster am Wegesrand, oft etwas versteckt in den Wäldern, deren Besuch sich lohnt. Für die Umrundung des Manaslu sollte man sich deshalb etwa 21 Tage Zeit nehmen.

**Makalu.** Das Basislager des Makalu bietet einige beeindruckende Tagesauflüge an. Der Weg in Richtung East-Col ist dabei zu erwähnen, wie auch die einfache Besteigung der Berghöhen östlich vom Basislager aus.

## Khumbu-Sherpaland

Es gibt einen *ganz* generellen Tipp für die Khumbu-Region und ihren Flughafen Lukla (das gilt auch für Jomson im Annapurna-Gebiet), der heißt: reinfliegen – rauslaufen! Er bezieht sich auf die Situationen, wenn Flüge wegen schlechter Wetterverhältnisse ausfallen und es zu langen Wartetagen kommen kann.

Trotzdem hier eine Alternative zum Flug nach Lukla. Nicht nur wegen der perfekten Akklimatisation, sondern auch aufgrund des wunderschönen Weges würde ich immer empfehlen, auf der alten Anmarschroute von Jiri nach Namche Bazar zu laufen. Sie dauert etwa sieben Tage, ist wenig begangen und führt über 3500 Meter hohe Pässe. Ein Abstecher ins abgelege Kloster Tupthen Chöling oberhalb von Junbesi empfiehlt sich.

Vor dem steilen Anstieg nach Namche Bazar sollte man in Benkar übernachten. Dort liegt auch die gemütliche Himalaya Guest House Lodge von Tensing Sherpa. Wer hier vom Rückweg aus dem Khumbu übernachtet, kann sich einer ganz besonderen Herausforderung stellen: dem spektakulären Aufstieg hinauf nach Kongde auf 4300 Metern Höhe. Dazu würde ich mir von Tensings Frau einen ortskundigen Führer vermitteln lassen. Der einzigartige Blick von Kongde über das gesamte Khumbu-Gebiet mit Blick auf fünf Achttausender ist einzigartig in Nepal! In Kongde gibt es ein Nobelhotel, dort lässt sich aber auch immer ein Weg finden, in einem Nebenraum zu übernachten.

In Namche Bazar sollte man eins bis zwei Akklimatisationstage einplanen. Eine Tageswanderung nach Khumjung bietet sich an, um sich im Kloster den Yeti-Skalp zeigen zu lassen. Für den Rückweg plant man einen Besuch bei den Sir-Edmund-Hillary-Projekten (Schule und Krankenhaus) ein. In Namche Bazar relaxt man am besten im Café 8848 und besucht das Sherpa-Museum.

**Die beste Fotostimmung auf Everest und Nuptse** vom 5550 Meter hohen Gipfel des Kalapatar hat man am Abend. Ziehen Sie sich dafür warm an, denn nach dem Sonnenuntergang wird es hier oben empfindlich kalt. Von den drei Querpässen halte ich den 5340 Meter hohen Renjo-Pass von Gokyo nach Thame für den schönsten. Wer Thame nicht auf dem Rückweg einplant, der sollte von Namche Bazar aus nach Thame wandern, dort übernachten, sich das Kloster ansehen und damit zwei perfekte Akklimatisationstage genießen.

Eine besondere Route das Khumbu zu verlassen, ist der Rückweg nach Tumlingtar. Er ist kaum belaufen, Unterkunft findet man bei den Einheimischen ohne Problem. Es ist ein Traumpfad fernab der begangenen.

Das Nachmittagsseminar der Ärztestation in Pheriche sollte Pflicht sein, dort forscht und informiert ein amerikanisches Spezialistenteam zum Thema Höhenkrankheit.

### Fototipps

**Die Mani-Rimdu-Maskentanz-Feste** in Thame und Tengboche sind die Highlights im Khumbu-Gebiet, wobei das Fest im Mai in Thame kaum Touristen aufweist.

## Kanchenjunga

Der Trek zum Kanchenjunga an der Grenze zu Sikkim zählt zum Feinsten, was Nepal zu bieten hat. Er ist auch seit Kurzem ohne Zelt zu bewältigen. Die Übernachtungsmöglichkeiten variieren zwischen wundervollen Lodges im Sherpadorf Ghunsa bis hin zu ganz einfachen Hütten auf der Ostroute nach Yalung. Nur etwa 1000 Wanderer besuchen pro Jahr den Kanchenjunga, statt der 35 000 Trekker im Khumbu-Gebiet. Es ist also noch eine Region, die kaum frequentiert wird und somit noch ein recht ursprüngliches Nepal vermittelt. Es gibt zwei Basislager am Kanchenjunga: das östliche bei Yalung und das nördliche in Pangpema am Rande des Kanchenjunga-Gletschers.

**Wer zum Kanchenjunga geht, sollte auf jeden Fall über die Ostroute anlaufen.** Somit hat man beste Voraussetzungen zur perfekten Akklimatisation. Der Anmarsch führt über Khesewa und weiter nach Phungphung. Hier sollte man sich zusammenschließen und nicht alleine laufen,

### Fototipps

Ghunsa verfügt über ein kleines Wasserkraftwerk, somit kann man hier wieder seine Akkus aufladen. Es gilt in ganz Nepal die Regel, wenn Strom vorhanden, dann sofort die Akkus aufladen, keiner weiß, wann der Strom wieder abgeschaltet wird oder ausfällt! (s. Fotografie im Himalaya) Nachtaufnahmen bieten sich vom Kanchenjunga an, da die Sonne hinter dem Berg aufgeht und die Abendsonne den Gipfel kaum ausreichend trifft.

denn in der Vergangenheit kam es hier immer mal wieder zu Raubüberfällen auf Einzelreisende. Die Region hier ist sehr arm. In Phumphe gibt es eine wunderschöne Lodge von Ram Kumar, das »Danda Teahouse«. Zwischen Yamphudin und Tortong wurde ein neuer kürzerer Weg angelegt, der alte, in den Karten verzeichnete Pfad ist nicht mehr begehbar. In Tseram sollte man einen Ruhetag einlegen, dort gibt es im Wald zwei Lodges, das obere Guest House Blue Sheep Teahouse hat einfache schöne Zimmer, und der Besitzer Da Tsering Sherpa ist ein hervorragender Koch! Auf dem Weg kann man getrockneten Käse bei den Almen kaufen. Der Käse wird in etwa DIN-A-4 großen und 5 cm dicken Platten verkauft, er hat eine harte Schale, innen sollte er weich sein und ist somit eine gute Ergänzung auf der täglichen Speisekarte.

Nach der Rückkehr vom östlichen Basislager quert man von Tseram aus über vier Pässe ins Tal von Ghunsa. Nach acht Stunden übernachtet man gut in der einfachen Lodge von Sele und geht am nächsten Tag weiter nach Ghunsa. In Ghunsa gibt es eine große Auswahl von sehr guten Lodges. Ab hier nur noch einfache Unterkünfte bis zum Basislager. Der Rückweg führt dann wieder über Ghunsa. Man folgt dann aber hier dem Talverlauf über Phale (Kloster!), weiter entlang am Ghunsa-Khola-Fluss.

Auf dem Rückweg mit dem Jeep in Ilam sollte man noch eine Übernachtung einplanen. Der Rückflug von Bhadrapur kann und sollte von unterwegs telefonisch bestätigt werden, bei vorzeitiger Rückkehr hilft der Stationsmanager bei der Umbuchung in einen zeitnahen Rückflug.

# Trauma Erdbeben

## Ein Augenzeugenbericht vom 4. April 2015

**Mein nepalesischer Freund und Bergführer Shiva Shrestha erlebte das katastrophale Erdbeben hautnah. Zu diesem Zeitpunkt befand er sich im Makalu-Gebiet. Hier ein Auszug aus seiner E-Mail vom 13. Mai 2015:**

Am Tag des Erdbebens, es war Samstag, der 4. April, war ich mit einer Klientin auf dem Makalu-Trek, im Osten Nepals, unterwegs. Um 11:57 Uhr fing die Erde an zu beben, wir wurden regelrecht hoch geschleudert. Zum Glück befanden wir uns zu dem Zeitpunkt nicht an einem steilen Hang, sondern in einem Waldstück auf 3000 Metern Höhe. Die Erde bebte eine endlose Minute lang und die Bäume wackelten bedrohlich. Wir rannten so schnell wir konnten auf eine Lichtung. Dabei hörten wir, wie an manchen Stellen Erde abbrach, auch Steine rollten uns entgegen.

Später erfuhren wir, dass das Beben eine Stärke von 7,8 auf der Richterskala hatte. Ich habe schon viele Erdbeben in Nepal miterlebt, aber bei diesem war mir sofort klar, dass es großes Unheil über Nepal bringen wird.

Schließlich gingen wir weiter bis ins nächste Dorf, Khongma, das auf 3560 Metern Höhe liegt. Dort blieben wir über Nacht, ohne zu schlafen: Es gab fünf Nachbeben. Weil wir uns fürchteten, brachen wir den Trek ab.

Auf dem Rückweg sahen wir viele Häuser, deren Mauern eingerissen waren. Aus Angst, dass sie einstürzen könnten, übernachteten die Menschen im Freien. In unserer Gegend gab es glücklicherweise nur wenige Tote, anders als etwa im Langtang-Gebiet. Meine Klientin und ich erinnerten uns daran, dass wir zuerst dorthin wollten, uns schließlich aber entschieden hatten, zum Makalu zu gehen. Diese Planänderung hat uns vielleicht das Leben gerettet, denn das Langtang-Gebiet wurde durch das Beben quasi dem Erdboden gleichgemacht. Viele Menschen, auch Touristen, starben dort.

Zurück in Kathmandu habe ich meine Klientin bei Manika im Nyatapola Guest House in Bhaktapur abgesetzt. In dem alten Stadtteil sind auch viele Menschen umgekommen, Tempel und Häuser waren zerstört worden. Manikas Guest House war unversehrt geblieben, es war vor sieben Jahren mit Betonträgern gesichert worden.

Ich fuhr weiter nach Kathmandu zu meinem Haus; zum Glück hatte es nur leichte Risse davongetragen. Am Telefon erfuhr ich jedoch, dass das Haus meiner alten Eltern völlig zerstört wurde und sie nun im Stall ihrer Kuh leben müssen.

Wenige Tage später, am 12. Mai, ereignete sich das zweite Erdbeben. Meine Klientin und ich hatten uns zum Essen getroffen und saßen im fünften Stock eines Restaurants, als um 12:50 Uhr erneut die Erde zitterte. Dieses Mal standen wir auf einer Terrasse im obersten Stockwerk und wussten nicht wohin. Wir spürten, wie das Gebäude erbebte, aber nichts brach ein. Zum Glück ging für uns noch einmal alles gut.

Ich hoffe, dass die Tempel wieder rasch aufgebaut werden und dass die Touristen im Herbst wieder Nepal besuchen. Es muss ja weitergehen.

*Shiva Shrestha*

**Mit diesem Buch unterstützen wir ein neu gegründetes Waisenhausprojekt in Nepal!**
Durch das verheerende Erdbeben in Nepal haben sehr viele Kinder ihre Eltern und ihr Zuhause verloren. Der Unfallchirurg Matthias Baumann operierte nach dem Erdbeben in Nepal und half – wie schon ein Jahr zuvor bei der Lawinentragödie am Mount Everest – durch seinen persönlichen Einsatz den Menschen vor Ort. In Zusammenarbeit mit Himalayan Project e. V. und der Stiftung von Thorsten Kuhn wird er ein Waisenhaus in Nepal einrichten, um Kindern, deren Eltern beim Erdbeben ums Leben kamen, eine Zukunft zu geben. Die Patenschaften für die Kinder sichern deren Schulbildung und die Unterbringung im Waisenhaus. Weitere Informationen finden Sie unter: www.faszination-everest.de

**Spendenkonto:** Himalayan Project e. V., Kreissparkasse Biberach, IBAN DE82 6545 0070 0007 8203 31
BIC SBCRDE66, Kennwort: »Erdbeben Opfer«

**Fotojournalist – Himalaya-Fotografie – Multivisionsshows – Buchautor – TV-Produktionen:**
Dieter Glogowski, Mittelstr. 1, 61169 Friedberg
Tel.: 0049 (0) 6031 68 56 70, Mobil: 0171 53 202 38.
www.dieter-glogowski.de www.weitsicht-festival.de

# Glossar

**Amchi** Heilkundiger, der meist nach den Prinzipien der traditionellen tibetischen Medizin behandelt. In vielen Dörfern des Himalaya gibt es Amchis, die für die örtliche Bevölkerung zuständig sind. Amchis sind zudem Experten für Heilkräuter, die sie selbst in den Bergen sammeln und zu Medikamenten weiterverarbeiten.

**Ashram** Klosterähnliches Zentrum, in dem ein Meister (Guru) den dort lebenden Schülern religiöse Unterweisungen erteilt.

**Bodhisattva** Ein Wesen auf dem Weg zur Erleuchtung, das anderen stetig hilft und beisteht und auf das eigene Eingehen ins Parinirwana vorerst verzichtet. Das Bodhisattva-Ideal ist das höchste Ideal im Mahayana-Buddhismus.

**Bön** Vorbuddhistische Religion Tibets, die auch heute noch in einzelnen Lehrrichtungen besteht, die allerdings stark vom Buddhismus beeinflusst sind.

**Chakra** Wörtlich: Rad, Kreis. Bezeichnung für die Zentren subtiler Energie im feinstofflichen Körper des Menschen. Im hinduistischen Yoga werden sieben solche Chakren beschrieben.

**Chörten** Tibetisch für Stupa: siehe dort

**Dalbat** Nepalesisches Nationalgericht aus Reis und Linsen

**Dharma** Einsicht in die wahre Existenz der Wirklichkeit, Weltgesetz, Ethik; allgemein auch buddhistische Lehre und Praxis

**Dharmachakra** »Rad der Lehre«, Symbol für die Lehren Buddhas. Eines der acht buddhistischen »Glückszeichen«, das oft über dem Haupteingang von Klöstern und Tempeln dargestellt wird.

**Ghats** Plattformen und Treppen an heiligen Flüssen und Seen, z.B. am Ganges in der Stadt Varanasi oder an der Bagmati bei Kathmandu, wo die Leichen von gläubigen Hindus eingeäschert werden und Pilger ihr rituelles Bad nehmen.

**Hinayana** »Kleines Fahrzeug«; zusammenfassender und leicht abwertender Begriff für die frühen Schulen des Buddhismus, von denen heute nur noch die Schule des Theravada in einigen südasiatischen Ländern existiert.

**Katak** Zeremonieller Seidenschal, der überreicht wird. Dem Empfänger, beispielsweise einem Gastgeber oder Gast, einem spirituellen Lehrer oder einer weltlichen Respektsperson wird somit Ehrerbietung erwiesen. In Tempeln sind besonders verehrte Statuen oft mit Kataks geschmückt.

**Kirats, Volksgruppe der** Eingeborener Volksstamm im östlichen Himalaya, der sich auch nach Indien (Sikkim), Bangladesh und Burma ausgebreitet hat. Steht auch in Verbindung mit der frühen nepalesischen Herrscherdynastie der Kirata. Zur Volksgruppe der Kirats gehören auch die Stämme der Limbus, der Sunwar, der Rai und anderer.

**Kumari** Lebende Gottheit; ein kleines Mädchen, das als Inkarnation der Hindu-Göttin Taleju, mitunter sogar als Inkarnation der Durga oder Kali gilt, der bedeutendsten hinduistischen Muttergottheit. Kumaris gibt es bis heute in den drei nepalesischen Königsstädten Kathmandu, Patan und Bhaktapur.

**Limbus, Volksgruppe der** Untergruppe der Kirats, die vor allem auch in Sikkim ansässig ist

**Losar** Dreitägiges Neujahrsfest nach dem Mondkalender, meist im Februar oder März

**Mahakala** »Großer Schwarzer«, zornvolle Schutzgottheit im Tibetischen Buddhismus: Den Hindus gilt Mahakala als Erscheinungsform des Shiva.

**Mahayana** »Großes Fahrzeug«. Im 1. Jahrhundert v. Chr. entstandene zweite große Schulrichtung des Buddhismus (neben Hinayana), die den Buddhismus von einem Weg nur für Mönche zu einer Religion für alle Menschen öffnete.

**Mantra** Klänge oder rezitierte Silben und Strophen, die Bewusstseinskräfte aktivieren und symbolisieren.

**Moksha** Im Hinduismus Erlösung, endgültige Befreiung von Karma und dem Rad der Wiedergeburten; Ziel aller spirituellen Bemühung

**Puja** Ritual, Reinigungszeremonie, Rezitation; Darbringung von Opfergaben

**Rai, Volksgruppe der** Nepalesischer Volksstamm mit verschiedenen Untergruppen und Dialekten, der auch im indischen Sikkim siedelt. In Nepal leben heute noch etwa 635 000 Rai, die vor allem der traditionellen Kiranti-Religion angehören. Die Rai sind eine ethnische Untergruppe des Volksstammes der Kirats.

**Sadhu** Im Hinduismus ein Heiliger, der sich von allen weltlichen Bindungen gelöst hat und meist als Pilger zu den heiligen Stätten unterwegs ist.

**Samsara** »Wanderung«, Kreislauf der Wiedergeburten als Folge von karmischen Handlungen

**Sannyasin** Im Hinduismus ein Mensch, welcher der Welt und allem Besitz entsagt und sein Leben ganz auf die Verwirklichung von Moksha (siehe dort) ausgerichtet hat.

**Sherpas, Volksgruppe der** Aus Osttibet nach Nepal eingewanderter Volksstamm, der sich vor allem in den Regionen Khumbu, Pharak und Solo angesiedelt hat. Sherpas sind gefragte Bergführer und Organisatoren von Hochgebirgsexpeditionen.

**Stupa** Typische buddhistische Architekturform, die unter verschiedenen Bezeichnungen im gesamten buddhistischen Kulturkreis verbreitet ist. Ausdruck des Buddha-Geistes, ursprünglich Grabmal des Buddha und Reliquienschrein.

**Swayambhu** Wörtlich »aus sich selbst entstanden«. Wichtige heilige Stätte für Buddhisten und Hindus mit großem Stupa bei Kathmandu

**Terai** Südlicher Landstreifen in Nepal an der indischen Grenze mit tropischem Klima (siehe dazu auch Seiten 184 ff.)

**Thangkha** Im Tibetischen Buddhismus ein in Seidenbrokat eingefasstes Rollbild mit religiösen Darstellungen

**Tharu** Ursprüngliche Bevölkerung im Terai. Heute leben noch etwa 400 000 Mitglieder dieses Volksstammes dort.

**Vajra** Im Hinduismus Donnerkeil des Gottes Indra, im Buddhismus Symbol des Unzerstörbaren, der Natur des Geistes, der Leerheit als innerstes Wesen aller Erscheinungen. Im Tibetischen Buddhismus ist der Vajra ein wichtiger Ritualgegenstand.

**Veden** Im Allgemeinen: heilige Lehre, Wissen. Die Gesamtheit der ältesten hinduistischen Literatur

Es gibt auch weibliche Sadhus, sie werden Sadhvi genannt.

Der Sadhu Balak Das bei seinen morgendlichen Yoga-Übungen.

# Impressum

Verantwortlich: Joachim Hellmuth
Lektorat: Dr. Birgit Kneip, München
Korrektorat: Anke Höhne, München
Kartografie: Kartografie Heidi Schmalfuß, München unter
Verwendung eines Satellitenbildes von: albedo 39 Satellitenbildwerkstatt, Köln
Satz und Layoutkonzept: Ute Schneider, München
Umschlaggestaltung: Thomas Uhlig, Augsburg
Herstellung: Bettina Schippel
Repro und technische Produktion: Repro Ludwig, Zell am See
Printed in Italy by Printer Trento

★★★★★

Sind Sie mit diesem Titel zufrieden? Dann würden wir uns über Ihre Weiterempfehlung freuen. Erzählen Sie es im Freundeskreis, berichten Sie Ihrem Buchhändler, oder bewerten Sie das Werk beim Onlinekauf. Und wenn Sie Kritik, Korrekturen oder Aktualisierungen haben, freuen wir uns über Ihre Nachricht an den Bruckmann Verlag, Postfach 40 02 09, D-80702 München oder per E-Mail an lektorat@verlagshaus.de.

Unser komplettes Programm finden Sie unter

www.frederking-thaler.de

Alle Angaben dieses Werkes wurden von den Autoren sorgfältig recherchiert und auf den neuesten Stand gebracht sowie vom Verlag geprüft. Für die Richtigkeit der Angaben kann jedoch keine Haftung übernommen werden.

Bildnachweis:
Alle Fotografien im Innenteil stammen von Dieter Glogowski, www.dieter-glogowski.de, Friedberg, mit Ausnahme von: S. 73: © Jens Steingässer, Seeheim-Jugenheim und S. 194 © Michael Schön, Hubertushöhe 9, 65812 Bad Soden. Vorsatz: Nepals bekanntestes hinduistisches Heiligtum ist Pashupatinath, dort leben Sadhus zu Ehren ihres Gottes Shiva. Haupttitel: Zwei Sadhus queren vor Kagbeni den breiten Flusslauf des Kali-Gandaki-Flusses in West-Nepal. Inhalt: Beim Abstieg von Muktinath fällt der Blick auf das Bergdorf Jarakot. Mit seinem rot getünchten Kloster und seinen eng gestellten Lehmhäusern erinnert Jarakot an ein tibetisches Wehrdorf. Hintersatz: Gebetsfahnen im Tal zum Kloster Loh, Manaslu-Gebiet.

Textnachweis:
Paulo Coelho: *Das Schwert des Magiers: 12 Einweihungen auf dem Jakobsweg*. Verlag Peter Erd, München 1995; *Auf dem Jakobsweg – Tagebuch einer Pilgerreise nach Santiago de Compostela*. Diogenes, Zürich 1999; *Der Alchimist*. Diogenes, Zürich 1996; *Der Wanderer: Geschichten und Gedanken*. Diogenes, Zürich 1998. Michaela Diers: *Mystik: Ein Lesebuch für Nachdenkliche*, dtv 2002. Willigis Jäger: *Jenseits von Gott*, Verlag Wege der Mystik 2012. *Die Flöte des Unendlichen*. Verlag Wege der Mystik 2009, jeweils mit frdl. Genehmigung von Beatrice Grimm. *Perlen der Weisheit*, Herder 2012. *Geh den inneren Weg*, Herder 2004. *Aufbruch in ein neues Land*, Herder 2003. Jiddu Krischmnamurti. *Freiheit und wahres Glück*. Heyne 2007. *Vollkommene Freiheit*. Fischer 2001. *Das Licht in dir*. Lotos 2002. Fridolin Stier: *Vielleicht ist irgendwo ein Tag*. Kerle 1985. Eckhart Tolle: *Jetzt!*, J. Kamphausen Verlag 2000. *Eine neue Erde*, Arkana Verlag 2005. *Stille spricht*, Arkana 2003, beide in der Verlagsgruppe Random House GmbH.

Die Deutsche Nationalbibliothek verzeichnet diese Publikation in der Deutschen Nationalbibliografie; detaillierte bibliografische Daten sind im Internet über http://dnb.d-nb.de abrufbar.


Frederking & Thaler Verlag in der Bruckmann Verlag GmbH, München
ISBN 978-3-95416-174-4